脱GHQ史観の経済学

エコノミストはいまでもマッカーサーに支配されている

田中秀臣
Tanaka Hidetomi

PHP新書

はじめに――日米欧vs中国という新たな「戦後」

新しい〝戦争〟が始まった。現在、新型コロナウイルスの感染によって、世界で270万人以上の死者を出し、感染者数は1億2000万人を超え、さらに拡大を続けている。WHO（世界保健機関）は、早期の終息は楽観的すぎると警告を続けている。おそらくここ数年は、この新型コロナとの共存が避けられない見通しだ。

深刻なのは感染症の被害だけではない。「100年に1度」ともいえる世界恐慌以来の経済危機が各国に押し寄せている。新型コロナウイルスは、生物兵器だという都市伝説がある。個人的には、少なくとも「経済破壊兵器」であったことは明白だ。この経済破壊兵器の結果、おそらく戦後の世界はかなり変貌する。

懸念すべきことは二点ある。一つは、日米欧といった自由と民主主義に価値をおく経済圏が没落してしまい、対して中国の国家資本主義やその独裁的な権威主義が世界の中で大きな比重を占めてしまう可能性だ。要するに中国の覇権の危険性だ。もう一つは、中国発の感染症リスクの再発である。今世紀でもＳＡＲＳ、新型コロナともに中国から感染が拡大した。公衆衛生上の課題や政府の情報統制のミスにより、また新たな感染が広がる可能性は大きいだろう。いずれも、従来の個人の自由を中核としてきた世界には脅威になる。つまりアフターコロナの世界は、日米欧vs中国という新たな「戦後」になる可能性が大きい。

ＩＭＦ（国際通貨基金）の最新の経済見通しでは、２０２０年の世界経済は大きく落ち込み主要国のほとんどがマイナス成長になった。その後、２０２１年には世界経済は各国の経済対策による反動でプラス成長に転じる。だが注意深くみると、日米欧の先進諸国は新型コロナ危機以前の経済水準に達していない。経済政策を総動員している米国でさえ、その後Ｖ字回復しても以前の経済水準に戻るのは早くて21年後半である。

日本については、まだ長く停滞感が強く残ると予測されている。もともと新型コロナ危機の前から、消費増税の影響で経済が減速していたことが深刻な重石になっている。これに対して、パンデミックの原因となった中国は様相が異なる。20年はプラス成長を維持し、さらにそれ以降は二桁まではいかないものの、６％程度の高い経済成長が予想されている。この理由は、中国が世界のサプライチェーンの中核にあり、世界経済が復調する恩恵を最も受けるからだという。新型コロナという事実上の経済破壊兵器によって、中国のひとり勝ちになりかねない情勢だ。

中国共産党という独裁体制の経済的威光が〝戦後〟高まってしまうことは、我々の自由世界にとってまさに脅威である。特に〝戦後〟、中国の経済力が欧米よりも増していくならば、おカネで顔を叩かれてついていく国家、国際機関、マスコミなどは増えていくかもしれない。これもまた我々の自由を重んじる世界の脅威である。

ではどうすればいいか。経済学者の立場でいえることは、一つだけだ。日米欧が経済再生のために全力を尽くすことである。

ただし日本の経済政策には大きな問題がある。獅子身中の虫ともいうべき「緊縮病」である。この緊縮病は、ある意味で新型コロナウイルス以上に日本で猛威を振るってきた。

感染症を含む公衆衛生学の専門家たちが、不況期に自死に至ったり、躁鬱病などで苦しむ人たちがなぜ多いのか研究した。

その結果は、不況の時に政府が十分に経済政策をしないことが原因であることが明るみに出た（デヴィッド・スタックラー&サンジェイ・バス『経済政策で人は死ぬか？』草思社）。日本でも長期停滞の間、失業率と自殺者数は密接に関係していた。政府と日本銀行が不況を放置していると、失業率が下がらない。社会的な居場所をなくした人たちが、失望ゆえに自死を遂げてしまう。実際に「失われた20年」の間に、政府と日銀の緊縮政策で、失われた人命は数万人に及ぶだろう。緊縮病の恐ろしさは明白だ。

だがこの緊縮病は、政治家、官僚（特に財務省、日本銀行）、マスコミ、財界などでいまも勢力を維持している。現在の日本経済は、新型コロナ危機に対応してそれなりに大規模な経済対策を行っている。だが、他方で「財政危機」を煽り、コロナ終息後の増税を声高に主張する政治・マスコミ勢力も目立つ。

仮にアフター・コロナの経済が、増税などの緊縮政策一色になれば、日本経済はふたたび「失われた30年」に逆戻りしてしまうだろう。新型コロナとの「戦時」も重要だが、「戦後」の経済対策も極めて重要なのだ。もちろん経済だけではなく、アフター・コロナの社会において、自由と民主主義を守る上でも、反緊縮政策を採用することが大切である。

このようなパンデミックや経済危機が重なる状況で、政府が緊縮政策を採用してしまうと、政治的な分断や極論がはびこってしまう。ボッコーニ大学のデヴィッド・スタックラー教授らは、最近の論説「財政緊縮とナチスの勃興」の中で、１９３０年代初期のドイツにおける財政緊縮が、ナチスの勃興を招いたと実証的に指摘している。[1]

この兆候は日本でも起こりつつある。身近なところでは、twitterのハッシュタグをみれば、特定の政治イデオロギーで偏向したものが毎日のように流れている。これらの政治的な分断と極論が、日本国の不幸に結びつかないためにも、感染期、そしてそれ以後も全力の経済対策であたるしかない。

本書の主要なテーマは、この日本における緊縮政策、もっといってしまえば日本社会の脆弱化、衰退化をもたらす経済思想を、特に占領期のGHQ（連合国軍最高司令官総司令部）と当時の日本の経済学者たちとの関係から再考察するものである。

もちろん、ただの「歴史もの」ではない。本書では、「歴史」とは現在直面している新型コロナ危機とその後の経済政策を考えるための思考のきっかけでしかない。占領期の経済思想がどのようなものであったか、実はここ10年ほどの間に専門家の間でようやく本格的な研究が始まったばかりである。戦時期、占領期、そして朝鮮半島や台湾などの旧植民地での日本の経済思想の影響などは、研究のフロンティアとしてある。まだまだ解明が必要な領域だ。

なぜ占領期に注目したのか。それはGHQの「経済民主化」という手法が、今日まで続く緊縮主義の起源の一つだからだ。より正確にいえば、GHQの緊縮主義に、当時の日本の緊縮主義者たちが相乗りし、日本の経済や社会、そして文化に至るまでその考えに大きな影響を与えたからである。

本書では、占領期の経済政策の思想、特に緊縮政策＝日本弱体化に関連するところを大胆に切り取ることにした。そして単に「歴史」を語るのではなく、その「歴史」が今日の経済・安全保障・国際関係・言論の世界などにどのように深刻な影響を与えているかに重点を置いている。

本書はいわば一つの「トルソ」である。このトルソに細部を加えていくこと、それが現在の経済問題との対話を通じて今後も長く取り組まなければいけないと自認している。

第1章では、GHQの「経済民主化」がどのように日本経済を弱体化させるものだったのか、特に米ソ冷戦を契機とした占領政策の転換の前後でもマクロ経済的には大差ないものだということに力点をおいて解説する。また、ほとんど注目されてこなかったGHQによる経済に関する検閲の実態についても明らかにする。

第2章は、敗戦直後から言論活動を活発化して反緊縮主義的なスタンスを明瞭にしていた石橋湛山に焦点を当てて、その石橋の東京裁判での発言やGHQ、緊縮主義的な経済思想との対立を描く。また、今日でも影響力をもつ緊縮主義的な経済思想の一形態として「清算主義」に注目する。この清算主義は、現在の新型コロナ危機においても政策論議の中に出てきているので、その点も深く論じた。

第3章では、GHQが生み出した日本国憲法とここ数年、社会を分断して議論された安保法制との関連を通じて、日本の安全保障をどう考えていくべきか、経済学的に考察した。

第4章は、第3章と補完的な関係にある。米国＝GHQの影だけではなく、日増しに色濃くなる中国の影について、その諸問題を検討している。特に中国のウイグル族弾圧における人口減少と優生主義は、過去にGHQが行った政策と共通点があることに注目した。ウイグル弾圧が、決して現在の日本にとって無縁でないことがわかるだろう。また占領史観にフリーライド（ただ乗り）している韓国の対日政策についても批判を加えた。

第5章は、日本学術会議問題とGHQの関係を考察し、日本の学術や文化（あいちトリエンナーレ）における占領史観の影響を考えた。またトランプ政権からバイデン政権への交代においてみられた米国依存（＝米国の影）の日本のマスコミ、世論の在り方を考察した。

本書を通じて、危機の時代を乗り越える経済政策の方向性が示せればいいと願っている。

注

【1】https://voxeu.org/article/fiscal-austerity-and-rise-nazis/

脱ＧＨＱ史観の経済学

目次

第1章 経済学はいまでもGHQが占領中

第2章　緊縮財政の呪縛

第3章 集団安全保障と憲法改正の経済学

第4章　占領史観にただ乗りする中国と韓国

第5章　学術会議、あいちトリエンナーレに映るGHQの影

第1章

経済学はいまでもＧＨＱが占領中

新型コロナ危機を戦時経済に例える

新型コロナ危機は新しい形の「戦争」だ。日本をはじめ世界の至るところで、国民が日常生活を制限され、軍備への投資が活発化するように、医療支援や人々の生活の確保のために政府の重みが増している。そして新型コロナウイルスに立ち向かう「武器」として、ワクチン開発や接種の国際間競争が展開されている。IMFは、新型コロナ危機を戦時経済に例えている。経済対策は、戦時中と戦後ではまったく異なるものになる。

「フェーズ1：戦争中。感染症が猛威を振るっている時期。人命を救うため、感染拡大防止措置によって経済活動は大幅に制約される。これが少なくとも1〜2四半期続く可能性がある。

フェーズ2：戦後の回復期。ワクチンや治療薬、部分的な集団免疫、そしてやや緩やかな感染拡大防止措置を継続することで、感染症は制御されている。制限が解除され、経済は途中で足踏みをするかもしれないが、正常な機能を取り戻す」[1]

「戦争」に突入してすでに1年以上が経過するが、いまだに新型コロナ危機の本格的な終焉はみえない。感染者の爆発的拡大がいったんは抑制されても、世界各国で繰り返し、「第二波」「第三波」と新型コロナの波状攻撃が終わらない。日本が本格的な「戦後」を迎えるには、少なくとも以下の三つの条件をクリアすることが必要だろう。

⑴米国や欧州各国などの先進国などでワクチン接種が本格化し、それによって新規感染者数が劇的に低下すること。⑵日本でも医療従事者、高齢層や高いリスクを持った人たちにワクチン接種が進展していき、感染抑制の効果が実感できること。そして⑶新型コロナ病床の確保など医療支援体制の充実化である。

「戦後」は遠い

残念ながら21年春の段階では、上記の意味での「戦後」は遠い。しばらくは新型コロナとの闘いを継続しなくてはいけないだろう。新型コロナ危機は、20世紀初頭に猛威を振るったスペインインフルエンザ以来の「100年に1回」の戦争ともいえるし、または人類が共同して新型感染症に総動員で立ち向かうという意味では、史上初めてかもしれない。だが、経済政策をめぐる日本の政策当事者たち（政治家、官僚）や、マスコミの報道、有識者や財界の反応をみていると、この新事態にもかかわらず旧態依然とした「経済思想」が目立つ。ただし、ふだんテレビや新聞などで経済問題や政策のあり方が論じられていても、めったに「経済思想」という言葉には出会わないだろう。

「たいていは過去の経済学者の奴隷である」

だが、経済をそこそこ首尾一貫して考える際に、人は意識するにせよ無意識にせよ、なんらかの「経済思想」に囚われている。このことを偉大な経済学者ジョン・メイナード・ケインズは以下のように表現した。

「誰の知的影響も受けていないと思い込んでいる実務的な人間さえも、たいていは過去の経済学者の奴隷である」[2]

「過去の経済学者の奴隷」であること、つまりは過去の「経済思想」の奴隷であることが、われわれの経済問題や政策を考える際の大きな足かせになっているとケインズは辛辣に述べている。

新型コロナ危機でわれわれを囚えて離さない経済思想はどんなものだろうか。この問いはわれわれの「戦時」「戦後」の生活を考える上できわめて重要なものだ。IMFなど国際機関は各国政府に積極的に財政政策や金融政策を行い、自国だけではなく国際的にも貢献せよ、と奨励している。

また、バイデン政権で経済政策の要を握るジャネット・イエレン財務長官は、G7の席上で、自国だけではなく日本を含む参加国に対して積極的な経済対策を要請した。つまり世界各国の経済政策の方向性は、人々の生活を支えるためにどんどん経済を刺激していこうという「経済思想」に流れている。

だが、日本の現状をみてみると、この経済思想の世界的潮流とは異なり、新型コロナ危機のまっただ中であっても「コロナ復興税」だとか「財政規律」だとかを重視する意見（経済思想）が絶えない。このような経済思想を「緊縮主義」という。

緊縮主義はまさに亡国の経済学

この緊縮主義に対して、現在の世界の経済対策の潮流は「反緊縮主義」といえるだろう。

この古い経済思想（緊縮主義）と新しい経済思想（反緊縮主義）との闘いは、これからの日本の命運を決するといってもいいだろう。そして日本の経済復興にとっては、緊縮主義はまさに亡国の経済学として多大な障害になることだけは自明である。

そもそも緊縮主義とは、不況や経済危機であるにもかかわらず政府の積極的な景気対策を否定し、財政の緊縮や金融緩和の否定を採用する考えである。このような緊縮主義は、1990年代から2010年代初めまでの長期停滞＝失われた20年を生み出したその真因となる経済思想でもあった。[3] この時代の日本銀行は、常に積極的な金融緩和を回避し、財務省は消費増税や財政再建を優先してきた。その結果、雇用は崩壊し、新しい産業の芽は十分に育たず、将来への希望はごく一部の経済的勝者を怨嗟する声に置き換わった。

ただし、この緊縮主義だけが日本が直面する経済問題のすべてではない。現在の新型コロナ危機をみても経済の問題は、国家の安全保障や人々の政治的自由と密接に関わっていることがわかるだろう。

例えば、コロナワクチンという「武器」をめぐる開発とその供給は、どの国家が「戦後」の覇権をにぎるかを示す重要なキーとなっている。

米国、中国、ロシアはこぞってその国家的威信をかけてワクチンの開発を援助し、また供給網の整備を行った。まずは自国民に優先してワクチンを供給するのはもちろんだが、他方でそのワクチンナショナリズム的なふるまいは、「同盟国」を利するために、または中国のように政治的な「従属国」を生み出す武器としても利用されている。新型コロナ危機とは、経済だけではなく、どの国が戦後の覇権を握るかの激しい戦いの場だといっていい。

マッカーサーの「経済民主化」という経済思想

実際にこの「戦後」という表現は、比喩以上の重みがある。それは先ほどの「経済思想」の側面からみても鮮明だ。日本が過去100年で経験した最大の「経済思想」の変化は、先の世界大戦の戦後に訪れている。日本は米国を中心とする連合国に敗北し、そして歴史上はじめて異国＝米国の支配を受けた。この米国の戦後支配は、日本の経済思想の在り方を大きく変化させた。

ダグラス・マッカーサー連合国軍最高司令官が、サングラスをかけ、コーンパイプを片手にして、厚木飛行場に着陸したC54の専用機から降り立った姿は、日本の現代史の印象的なワンシーンだろう。マッカーサーが中心となったGHQ／SCAPP（連合国軍最高司令部：以下GHQと略称）は、日本の「民主化」や「平和国家」を構築するのに貢献したとされている。

財閥解体、農地改革、労働民主化などのGHQが指導した戦後改革の成果によって、日本は国際社会に復帰し、奇跡のような経済復興を遂げたと信じられている。GHQの一連の経済改革は、「経済民主化」という経済思想として知られている。[4]

緊縮主義はGHQの置き土産だった

連合国は日本を直接に支配したのではなく、あくまでも間接的な支配だった。日本は敗戦したとはいえ、それはよく信じられているような無条件降伏といったものではない。戦前から続く日本の統治機構はそのまま健在だったし、日本は手ごわい「条件闘争」の交渉相手であり続けたことは間違いない。そのためGHQは、最優先の目的であった日本の非軍事化を達成するために、「経済民主化」をその一つの手段として実行した。

そもそも米国が当初保持していた対日占領方針では、日本経済の損失は、すべて日本側の責任であると明記されている。そのため連合国が行った「経済民主化」とは、経済復興に結びつくものではなく、あくまで日本の経済の弱体化をもたらすものだった。再軍備ができないほどに経済力を削ぐことが第一であって、日本の経済復興は二の次の関心事だった。[5]

このGHQによる経済改革ならぬ経済弱体化は、やがてソ連との「冷戦体制」を契機にして見直しを図られ、いわゆる占領政策の転換が行われたというのが通説である。つまり極東における防共のパートナーとして日本の国力を高めるという方針に転換したというものだ。

また転換以前であっても、対日占領方針のような日本経済への「無関心」を維持できず、マッカーサーらは間接統治を成功させるために、否応なく日本経済の立て直しに関与せざるをえなかった、という見方も定着している。

だが本当にＧＨＱの「経済民主化」のメニューは、日本経済の復興に貢献したのだろうか？

答えはノーである。特にＧＨＱの「経済民主化」は、経済思想の面でいうと緊縮主義がほぼすべてだった。占領初期は、日本経済のパイ（生産や消費）を拡大するというよりも、現状のパイの大きさをいかに切り分けるか（再分配）に極端に傾斜していた。また占領政策を転換してからは、パイの大きさそのものを縮小することを目指した。マッカーサーの部下には「ニューディーラー」が多かった。フランクリン・ルーズベルト大統領の下で積極的な財政政策や社会改革を荷なった人たちや、その考えに影響を受けた人たちのことだ。だが、日本でのニューディーラーは積極的な財政政策には否定的であった。

ただし緊縮主義は、いきなり日本にもたらされたものではないことにも注意が必要だ。戦前からすでに日本の政策当事者たちや経済学者、マスコミに定着していた緊縮主義とドッキングすることで、ＧＨＱの「経済民主化」や「経済復興」政策はスムーズに行われた。

つまり、日本側に緊縮政策の〝優秀な〟協力者が豊富に存在していたことが、GHQ改革の経済面での「成功」をもたらしたのだ。

このGHQの置き土産といえる日本弱体化＝緊縮主義は、占領終了後も日本の経済政策を拘束し続けてきた。日本国の骨格である憲法のあり方、安全保障の取り組み、現在のような新型コロナ危機での政策対応でも、GHQの影＝緊縮主義の影を見出すことはたやすい。その意味では、GHQはいまだに日本の経済政策を「占領」しているのだ。このGHQの遺産である日本弱体化＝緊縮主義の諸側面を明らかにしていく現代的意義は十分にある。

「傾斜生産方式」の神話

今までの「教科書」的な占領期の経済政策のイメージは次のようなものだろう。戦争で廃墟になった日本経済は、GHQによる「経済民主化」――財閥解体、労働の民主化、農地改革など――で自由経済の余地を拡大し、そして傾斜生産方式により経済復興の足掛かりを得た、というものだろう。また高いインフレが国民の生活を圧迫していたが、それはドッジ・ラインというデフレ政策によって抑制され、やがて朝鮮戦争の特需によって日本は高度成長に移行していった、というものだ。

だが、この「教科書」的図式をそのまま鵜呑みにすることはできない。特に最近論点になっているのが、「傾斜生産方式」の評価だ。[6] 吉田茂首相の「ブレーン」といわれた有澤廣巳《ありさわひろみ》がこの傾斜生産方式の提案者として有名だ。

有澤は1946年12月に、戦後の高いインフレーションはモノの不足にあるので、それを「計画と組織」の主導によってまず鉄鋼・石炭の部門に集中的に資源を投入して生産を増やしていこうと提唱した。この傾斜生産方式が「成功」して、占領期の経済は一応の回復をみたとされてきた。そのため政府主導の「計画と組織」の成功神話が誕生し、以後、今日に至るまで日本経済の復興には、政府や優れた官僚たちの貢献が不可欠であったとされてきた。

なお、傾斜生産方式は有澤の名前と結びつけられているが、最新の経済思想史研究では、むしろ当時蔵相だった石橋湛山の貢献の方が大きいと再評価されている。不幸なのは、石橋はこの傾斜生産方式が本格的に発動する前に、GHQによって公職追放されてしまった。

輸入を認めさせるための政治的方便だった

だが今日、この傾斜生産方式が本当に成功したのかどうか多くの批判がある。もともとのGHQの方針は、日本の再軍備化の阻止にあった。そのために優先された政策目的は、戦前の経済的なスーパーパワー（財閥、影響力のある経済人、大地主など）の弱体化であった。この戦前の日本経済を支えていた勢力を弱体化させることが目的であって、経済の自由化をすすめるものではなかった。

実際に、生産の不足はまず重油や鉄鉱石の不足が根本の原因であり、本当に経済の自由化をすすめるのならば、海外からの資源調達の自由を認めることを最優先しなければ理屈に合わない。だが、占領初期のGHQは海外からの資源調達を厳しく制限していた。そのために石炭や鉄鋼など基幹産業が機能せず、広範囲なモノ不足と高いインフレが生じていたのだ。GHQの経済的援助は当初はせいぜい食料への援助があったぐらいで、それも日本には自由度はなかった。

このGHQの日本経済弱体化政策を、あたかも「経済民主化」として賞賛し、自由化が進展した、と称賛しているのだから、おめでたいとしかいいようがない。今日では傾斜生産方式は、政府がGHQから重油、鉄鉱石などの基礎材料の輸入を認めさせるための政治的方便だった、というのが大来洋一（政策研究大学院大学名誉教授）、原田泰（名古屋商科大学ビジネススクール教授）・和田みき子（近代史研究家）らの新解釈である。

重油の緊急輸入は1947年6月に実施された。45年9月からほぼ2年間、基本的に原材料の輸入を許さないことで、日本経済は見殺し状態であった。しかも石炭の増産は目標に到達したが、他方で鉄鋼の生産は目標には届かず、傾斜生産方式が「計画と組織」を通じて目指した、石炭と鉄鋼の相互循環的な生産体制は失敗した。

目標には到達はしなかったが、それでも鉄鋼の生産は48年から急速に回復し、戦前の６割程度までになった。これについては、大来らは１９４７年８月の限定付きの民間貿易の再開、また米国からの本格的な資材援助となるエロア援助が48年７月から開始されたことによると指摘している。つまりは貿易の自由度が上がることによって、日本経済は一息ついたのである。

生産性を上昇させなかった農地改革

「経済民主化」の中身も、戦前の経済的な既得権を解体することが最優先されただけだった。なぜなら経済の効率性を高めるには、価格メカニズムが機能しなければならない。

しかし当時、ＧＨＱの経済科学局、そして日本側の経済政策の担い手であった経済安定本部の経済思想は、統制経済が中心だった。食料・燃料はもちろんさまざまな消費財、生産財に公定価格がつけられていた。鉄鋼などの基礎的な資材の公定価格は低く設定されていたので、生産する企業に赤字がでれば政府はそれを補塡した。価格メカニズムが機能する余地はない。

例えば農地改革をみてみよう。ポイントはこの改革があくまで「農地」所有の在り方の改革であって、「農業」の生産性を上昇させるものではなかったことだ。地主の農地保有に制限を設け、制限以上の農地に対して低い価格を政府が設定し売却されたのが、農地改革だった。

農地改革によって安く農地を保有することができた自作農が大幅に増えた。

だが、他方で自作農の増加がそのまま生産のインセンティブをもたらしたとはいえない。当時は、海外植民地を喪失し、米や農産物の輸入はできなかった。食料事情が逼迫《ひっぱく》する中で、GHQに食料の援助を依頼しても、その見返りは農業者への厳しい米を中心とした強制的な供出であった。供出の目標額を達成しなければ、GHQの食料支援を受けられないとされた。価格も公定され、生産の自由も失われた状況では、農業者の生産に対するインセンティブは阻害されたであろう。その結果、米などの食料生産が順調に回復できたか疑問である。

実際に貿易の自由化が進展するまで、日本の食料事情の改善は遅々として進まなかった。

旧農林省のデータをみると、１９４７年から49年にかけて米麦の国内生産はかろうじて戦前並みに回復するにとどまった。[7] 人口増を背景にして国民一人当たりの消費量は８割程度のままであった。食料事情の本格的な改善は、貿易の自由が認められ、海外からの米麦などの大幅輸入が可能になってからである。ただし髙橋洋一（嘉悦大学教授）が指摘したように、自作農が大幅に増えたことで、保守政党の分厚い支持層として日本の共産化を防いだことが、農地改革の成果だったのかもしれない。[8]

経済弱体化の試みは本国がストップ

財閥解体や独占禁止法、過度経済力集中排除法の成立、さらには有力な経営者の追放が行われた。これらの政策は、競争メカニズムを形成するというよりも、戦争の原因になった大資本の解体による日本の経済力の弱体化が目的であった。

実際にＧＨＱと経済安定本部の統制の下では、そもそも価格メカニズムが機能しないのだから、自由な競争が成立する余地もなかった。戦前日本の資本主義の原動力を解体することでしかなかった。だが、ＧＨＱによる日本経済弱体化の動きは、米国本国から次第に厳しい批判の眼でみられていた。

なぜなら、米国の安全保障政策の転換が同時期にあったからだ。1946年から欧州各国で共産党勢力が力をつけ、そしてストライキや反政府行動を活発化させていった。また共産運動の大元であるソ連は、東ヨーロッパ各国をその影響力の下におき、米英との「冷戦」が本格的に始まっていた。

1947年3月12日、米国のトルーマン大統領は、全体主義陣営（＝ソ連とその衛星国）に対抗するために自由社会（＝米国とその同盟国）への積極的な支援を表明した。「トルーマン・ドクトリン」である。そしていわゆる「西側」への経済支援策として、ヨーロッパの経済復興を支えたマーシャル・プランが採用された。ソ連やその影響力が増していた中国、朝鮮半島と地政学的に重要な位置にある日本の経済が弱体化することで、日本の政治や社会情勢が不安定化するという選択肢は、米国政府にはありえないものになった。

米国本国の思惑と、マッカーサーの思惑は政治的な理由からも異なっていた。マッカーサーは、日本の非軍事化、民主化を成し遂げ、そして早期に日本と講和条約を結ぶ狙いがあった。これはマッカーサー自身が48年の大統領選に立候補を目指した政治的野心に裏付けられていたという説がある。「経済民主化」＝日本経済の弱体化の試みは、米国の対日政策の転換によってある程度はストップされた。

48年に対日戦略の見直しを荷なうことになるジョージ・ケナンが来日し、マッカーサーに路線転換を迫った。経済政策に関していえば、経済界の人材を含めた公職追放の緩和や過度経済力集中排除法の見直しであった。

日本をムダに苦しめた経済安定九原則

この経済政策の転換はやがて、１９４８年10月に「米国の対日政策に関する勧告」（ＮＳＣ13／２）となって本格化した。対ソ戦略を目的としたこの勧告では、対日講和を先延ばしにし、同時に「経済民主化」から経済復興へ舵が切られた。例えば、「労働の民主化」の結果、労働争議が激しかったが、それを抑制すること、また私企業の強化を目指すことが決められた。経済政策のあり方は、統制経済から規制緩和の方向に変化した。だが、これらはミクロ経済（個別の企業や消費者）レベルの話であり、マクロ経済的にはむしろ緊縮主義が強化された。

マッカーサーとその実働部隊である経済科学局はこの方針に抵抗した。だがＮＳＣ13／２を具体化する対日経済政策の方針は「経済安定九原則」として本国からＧＨＱに一方的に通達された。この原則に沿って日本政府が実行するのを、マッカーサーは監督するのみで、なんら修正してはいけないと米国政府は付け加えた。ここに対日政策は、マッカーサーの手を離れ、米国政府が直接に担うことになる。ＮＳＣ13／2が提示された同時期に、民主党の芦田均内閣は崩壊し、また都留《つる》重人《しげと》ら左翼的な経済学者も経済安定本部を去っていった。

経済安定九原則を一応列挙する。⑴歳出削減による均衡予算、⑵徴税の強化、⑶金融機関の貸し出しを復興融資のみに限定、⑷賃金安定化、⑸物価統制、⑹外国貿易・為替の統制強化、⑺物資の割り当ての効率化、⑻生産増加、⑼食料統制の改善、であった。

一見すると統制経済的な側面が残っているが、それはＧＨＱ側の抵抗の産物だった。しかし貿易自由化や為替レートの単一化（1ドル３６０円の設定）に向けての環境整備など、日本を自由経済を基礎にして再興する意図は、米国側には鮮明であった。

だが、狙いと現実はズレていたといっていい。特に日本経済をムダに苦しめることになったのが、均衡予算と徴税の強化だった。いわゆる緊縮主義の採用である。この緊縮主義は、49年に来日したジョゼフ・ドッジによって日本政府はその実行を迫られることになる。

当時の吉田茂内閣は、ドッジの緊縮財政の方針（ドッジ・ライン）に従うしかなく、公共事業などをとりやめた。ドッジはその見返りに、日本政府に為替レートの単一化と国際経済への本格的復帰を認めた。だが、緊縮財政と日本銀行の金融引き締めによって、高いインフレは終息するも、デフレ経済が発生してしまい、日本経済は不況のどん底に落ちた。

実体経済の回復基調を断ち切る

このドッジによる緊縮財政が本当に必要だったのか。岩田規久男《いわたきくお》（日本銀行前副総裁）、高橋洋一らは一様に否定的である。[9] そもそも戦後の高いインフレは、モノ不足が原因だった。さらにそのモノ不足の真因は、ＧＨＱによる貿易の制限と各種の経済統制だった。市場メカニズムが機能しない中では、国民に満足のいく物資が行きわたることもなく、その結果、闇市場が発達した。

都留重人や大内兵衛《おおうちひょうえ》といった敗戦直後に政治的な影響力を得た経済学者たちは、この闇市場での価格高騰を問題にしていたが、それは彼らの推し進める経済統制的手法が原因だったので本末転倒である。[10]

モノ不足によるインフレであれば、生産の回復とともに次第に終息したであろう。次章でみるが、実際に高いインフレであっても、雇用の改善など実体経済は回復基調にあった。ドッジの政策は、いわばこの回復の流れを断ち切る役割を果たしたといっていい。他方で貿易の再開、１ドル３６０円の為替レートの設定、市場メカニズムの重視（価格統制や補助金の廃止）などは、むしろ朝鮮戦争による特需によって経済が回転する際に、日本経済に恩恵を与えた面も無視することはできない。[11]

もちろん朝鮮戦争の特需は、日本経済復興にとっては偶然の出来事でしかなかった。デフレをもたらす経済政策が続くかぎり日本が自律的に復活できたか疑問である。

いずれにせよ、GHQの経済弱体化政策は「経済民主化」として今日まで高い評価を与えられ、またドッジ・ラインは高いインフレを終息させたとして、その緊縮主義の姿勢は一定の評価を得てしまっている。このような緊縮主義の遺産は、政策思想として今日の日本でも長く定着していく。

占領期における経済政策思想の4区分

ところで、占領期の経済政策の背後にある「経済思想」をいままで日本の経済学者たちはどのように考えていただろうか。例えば塩野谷祐一《しおのやゆういち》は、図表1-1のような政策マトリックスを利用して占領期の経済政策思想を類型化している。[12]

貨幣的条件とは、ここでは財政政策と金融政策の違いは無視されていて、とりあえず民間部門が利用可能な「お金」の総額として考えられている。しかも特定部門への資金の供給も

図表1-1

占領期の経済政策思想		ミクロ的条件 統制	ミクロ的条件 市場
貨幣的条件	縮小	A	C
	拡大	B	D

ここでは貨幣的条件の「拡大」「縮小」としてとらえられている。傾斜生産方式について、復興金融公庫からの融資が行われたが、これも貨幣的条件の「拡大」である。またミクロ的条件とは、「統制」では価格統制、物資統制（配給制）、資金統制などが具体的な政策手段であった。「市場」は文字通り、価格メカニズムによる資源配分の効率化を重視する姿勢だ。

貨幣的条件とミクロ的条件の組み合わせによって、占領期の経済政策思想は４つに区分されると塩野谷は解説している。例えばドッジ・ラインの経済政策思想は、図ではCに該当する。ドッジはマクロ経済的にはお金の流れを引き締めたが、他方で統制経済から市場経済への転換を果たそうとした。

ただし急激なデフレ政策を維持することは、市場経済のメカニズムをかえって阻害することになるだろう。高い失業率や活用されない資金などはまさにドッジの狙いとは逆に、資源配分の効率化が阻害されていたことを示す。

またマッカーサーとGHQ、そして日本の左派的経済学者が好んだのが、塩野谷の解釈として、貨幣的条件が拡大で、ミクロ的条件が統制の組み合わせのBだという。傾斜生産方式は復興金融公庫を利用して貨幣的条件を拡大する一方で、生産・流通面での統制を強めていた、という。

しかし、その塩野谷の解釈には異論がある。すでにここまでで解説したように、傾斜生産方式は実際には単なる原材料の輸入を促す政治的な交渉手段でしかなかった。有澤や都留、大内らの左派経済学者たちは、そもそもインフレを許容することができず、価格統制に努力を傾注した。彼らの経済政策思想からすれば、ドッジ・ラインのように金融引き締め政策を優先すればいいのだが、実際には闇価格の撲滅を目指すという政策的にはスジ悪の方向に進んだ。

また「経済民主化」は、労働三法など労働市場の制度的側面の強化をもたらした以外は、財閥解体、独占・集中化の否定、有能な経営者の追放、農地改革などほぼすべてが経済の脆弱をもたらした。要するにパイの大きさを小さくするか一定にするかの政策であり、これに適合する貨幣的条件はむしろ「縮小」であったろう。

だがいまも書いたが、彼らには金融政策をコントロールする発想が乏しく、個別の闇価格の撲滅に傾斜していた。そのため貨幣的条件を自らの政策思想に適合した形で理解しえていない。彼らの〝真意〟を考慮すれば、ＧＨＱ・日本の左派経済学者の経済政策思想は、むしろ貨幣的条件は「縮小」、そしてミクロ的条件は「統制」のＡがふさわしい。

塩野谷はまた貨幣的条件が「拡大」で、ミクロ的条件が「市場」の政策思想の代表として、石橋湛山の名前を挙げている。この政策思想の組み合わせは正しい。石橋の経済政策思想と上記のＡの経済政策思想（緊縮主義）との対立は、次章で詳細に解説する。

経済の発言に関する検閲――プランゲ文庫を読み解く

占領期の経済政策思想を考えるときに無視できない問題がある。それは経済に関する発言が自由ではないことだ。占領期間中にＧＨＱが広範囲な検閲やプロパガンダを行っていた事は、現在はよく知られている事実だ。だが、政治や文化についての検閲に比べて、経済に関する発言がどのように検閲されていたのかは、ほとんど知られていない。
以前、筆者と若田部《わかたべ》昌澄《まさずみ》、中村宗悦《なかむらむねよし》（大東文化大学教授）のチームで、占領期の検閲資料を豊富に有するプランゲ文庫を検証したことがある。[13]
ＧＨＱはその下部組織であるＣＣＤ（民間検閲支隊）によって、新聞、雑誌、書籍からラジオの放送まで広範囲で、また非公開の検閲活動を行った。出版物については、事前検閲が主流で、後に事後検閲へ移行した。検閲された出版物は、占領終了後、廃棄を免れて当時、GHQの参謀二課に勤めていたゴードン・ウィリアム・プランゲが、日本から米国に持ち帰り、メリーランド大学の倉庫に保管された。これがプランゲ文庫の由来である。

若田部の調査によると、都留重人、有澤廣巳、大内兵衛、そして中山伊知郎《なかやまいちろう》ら、占領期において政策の場や言論界で注目を浴びた（中山を除く）左派系の経済学者が特に検閲の対象になっている。その検閲時期は1947年、ちょうど第一次吉田内閣が倒れ、社会党の片山哲内閣が誕生した頃に集中している。話題としては、資本主義か社会主義かの制度選択を問う内容が集中して検閲対象にされている。保守政権から社会党政権への流れを、GHQが厳しくチェックしていたことがわかる。

筆者が調査した具体例を挙げよう。今日《こんにち》、年末になると「新語・流行語大賞」が話題になる。そのもともとの母体となった『現代用語の基礎知識』などを出版していた自由国民社が、戦後まもなく発刊していた『自由国民』という雑誌がある。

この雑誌は、ちょっとした総合雑誌で、いまでも復刊されている「敗戦真相記」など多彩な特集・執筆陣で注目を浴びていた。[14] 検閲に関しては、1947年10月10日発刊予定の特集

図表1-2

『自由国民』第9号目次：検閲前のもの

米ソ間の"冷たい戦争"　鈴木文史朗（リーダースダイジェスト日本版編集長）*

世界は一つか・二つか　野坂参三［日本共産党中央委員］：検閲で公表禁止

我々はどちらの経済体制を撰ぶか　気賀健三［慶応大学経済学部教授］：掲載断念

米ソ関係と日本の立場　西園寺公一［参議院議員］

【各国だより】：アメリカの若い指導者たち　坂西志保［参議院専門調査員］

【各国だより】：ソ連の思想的再武装と経済建設　畑中政春［朝日新聞記者］

【各国だより】：イギリスと云う不思議な国　工藤信一良［毎日新聞欧米部］

【各国だより】：財布は右・心臓は左のフランス　井上勇［時事通信総務部長］

【各国だより】：運命の岐路に立つヨーロッパ　内山敏［東京新聞外報部長］*

【各国だより】：噛みあう中国の内戦と対日講話　岩村三千夫［中国研究所理事］*

歴史をつくる米ソ交渉記　自由国民編集局

編集後記　長谷川国雄［本誌主筆］

＊検閲をうけ修正して掲載

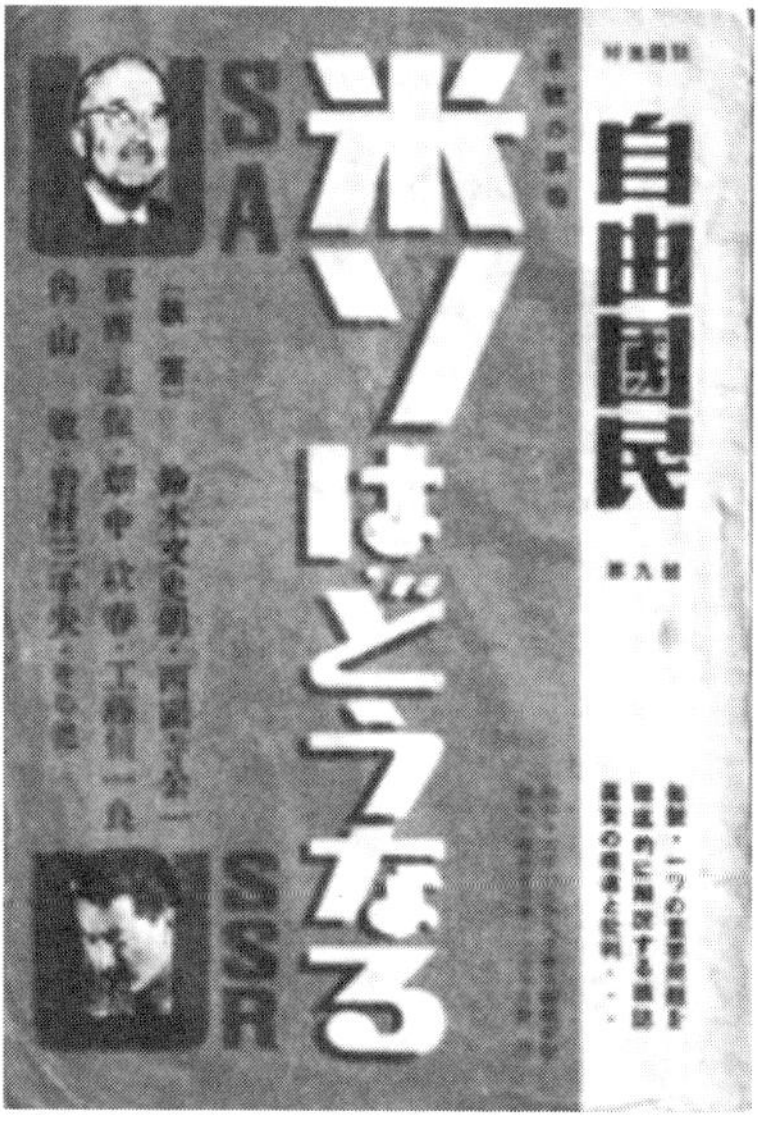

号「米ソはどうなる」が注目に値する。

特集の題名からわかるように、米国（資本主義）とソ連（共産主義）のいずれに世界の趨勢が傾き、日本はどうなるか、という当時もっともGHQが警戒していたテーマ設定を採り上げていた。

図表1-2が執筆内容と執筆者である。事前検閲の結果、鈴木、野坂、気賀、内山、岩村の5本の論説が保留（Hold）の対象となる。また、野坂の論説は公表禁止（Suppress）だった。最終的に、気賀の論説は多くの削除を伴ったことから、出版側あるいは著者側の判断で掲載を取りやめた。野坂論説で特に削除を推奨された箇所は、以下である。

「世界資本主義体制は、もはや壮年期を過ぎて、老衰期に入った上に、体内に自らを亡ぼすに異つた体制を育成し始めた。これは、資本主義制度のたどるべき必然的な過程であり、運命的な矛盾である」

GHQ側の削除理由は、「資本主義批判」であった。野坂のケースはソ連の優位をあまりに強調しているので、GHQとしては許容外＝公表禁止であることは明瞭だろう。野坂よりも注目すべきは、気賀の論説である。気賀の論説は、日本、米国、ソ連の経済体制の構造的変化を戦前から戦後にかけて論じたものだった。当時流行していた資本主義対社会主義という論点を採用し、日本の行く末を論じたものだ。

戦前日本は資本主義経済（市場中心、企業の利潤追求中心）だったが、次第に構造的変化を遂げ、産業の独占、国家統制が進展した。日本はこの独占、国家統制の型が国家主義的な色彩を持ち、やがてブロック経済化、戦争の道に至ったと気賀は指摘した。

対して、米国はニューディール政策によって「全体的統制」（マクロ経済政策のコントロール）で成功する。ソ連経済もむしろ資本主義経済の様相を呈している。日本は今後、米国的な資本主義の途《みち》を行く可能性が大きい、というものだった。

戦前日本の資本主義経済を認めなかった

なぜ、この気賀の論説が削除対象となったのか。特に日本が戦前は資本主義経済だったというところだろう。当時、進行していた東京裁判での占領史観では、日本の近代化はすべて戦争に帰結した。日本にはもともと米国的な資本主義経済はなく、戦争という目的を目指した経済体制の構築があった、というものだ。気賀の日本経済観は、今日からみれば取るに足りないものだが、GHQにとっては認められないものだった。

ここで注目したいのは、版元の社主長谷川国雄が検閲官に対して意見書を提出していることだ。長谷川によると、ひと月余り当該9号の上記5つの論説の保留が続く事態で、9号が発刊できずに、従業員が経済的に困窮していること。また削除などの対象となった論説は、同様の主題を扱った新聞などの論調よりも穏当であると主張している。

また気賀の論説は、資本主義の途《みち》を日本がいくべきだと論じているとその穏当な側面を訴えている。だが結局、長谷川の意見は受け入れられなかった。野坂、気賀の論説は不掲載のまま発刊されている。

検閲があまりにも厳しく、それが発行元の経営を直撃したため、マスコミや出版社は自主規制を強めていった。この言論の自由をまともに考えず、なあなあにやり過ごす姿勢は、今日でも日本学術会議やあいちトリエンナーレ問題（第5章）などに集約して表れている問題でもある。

GHQの影は経済政策だけではない。憲法、安全保障、そして言論や学術分野にも「日本の弱体化」として広範囲に及んでいる。以下の各章でそれらの諸点をみていこう。その中で、この「日本の弱体化」を防ぐ経済思想についても考察していき、今日の新型コロナ危機に典型的な「日本の危機」を切り抜ける経済政策のあり方を提起したい。

注

【１】ＩＭＦブログ「新型コロナウイルスと戦うための経済政策」https://www.imf.org/ja/News/Articles/2020/04/01/blog040120-economic-policies-for-the-covid-19-war

【２】ケインズの『雇用、利子及び貨幣の一般理論』の中の言葉。

【３】現代の緊縮主義と反緊縮主義の経済政策については、田中秀臣（２０１８）『増税亡者を名指しで糺《ただ》す！』（悟空出版）、髙橋洋一・田中秀臣（２０２０）『日本経済再起動』（かや書房）を参照されたい。

【４】最近の占領期の経済思想については、上久保敏（２０１０）「『経済実相報告書』再考――都留重人の真意とニューディーラーの影響――」『日本経済思想史研究』第10号、『日本経済思想史研究』第20号のシンポジウム「戦後復興期の経済思想」に収録された諸論文が参考になる。

【５】占領期の政治・経済政策の動きについては、髙橋洋一（２０１６）『戦後経済史は嘘ばかり』ＰＨＰ新書、福永文夫（２０１４）『日本占領史１９４５―１９５２』中公新書、増田弘（２００９）『マッカーサー』中公新書が参考になる。

【６】傾斜生産方式の評価をめぐっては、経済史的な観点からは、大来洋一（２０１０）『戦後日本経済論』東洋経済新報社、髙橋洋一前掲書、経済政策思想的な観点からは、原田泰・和田みき子

『石橋湛山の経済政策思想』日本評論社、『日本経済思想史研究』第20号収録の諸論文が最先端の議論を提供している。

【7】https://www5.cao.go.jp/keizai3/keizaiwp/wp-je57/wp-je57bun-085h.html

【8】髙橋洋一前掲書を参照。

【9】岩田規久男（2011）『経済復興』筑摩書房、髙橋洋一前掲書。

【10】都留重人は、闇市場で児玉誉士夫が不正蓄財をしていることを米国の情報当局に秘密裏に伝えていたが、その動機から財閥のエージェントとして児玉を批判する都留の「改革姿勢」がわかる。参照：有馬哲夫（2013）『児玉誉士夫 巨魁の昭和史』文春新書。

【11】1ドル360円の固定為替レートが、購買力平価よりも円安ドル高であり、そのことが日本の交易条件に有利に働くことで、戦後の経済成長に貢献したという見解を、篠原三代平らは一貫して主張している。参照：篠原三代平（1994）『篠原三代平集』NTT出版。

【12】塩野谷祐一（1980）「占領期経済政策論の類型」荒憲治郎ほか編『戦後経済政策論の争点』勁草書房。

【13】若田部昌澄（2009）「占領期経済思想史に向けて：占領期雑誌資料大系社会思潮班経済小組の企図」20世紀メディア史研究会報告レジュメ、田中秀臣（2009）「特集雑誌『自由国民』と占領期の長谷川国雄」同報告レジュメ、中村宗悦「占領期」同報告レジュメ。資料の蒐集で若田部昌澄日本銀行副総裁の助力を得た。

【14】永野護（2002）『敗戦真相記 予告されていた平成日本の没落』バジリコ。

第2章

緊縮財政の呪縛

石橋湛山の「小国主義」

石橋湛山《たんざん》は、戦前・戦後にわたって活躍した言論人・ジャーナリストであり、また戦後は政治家としても活動し、1956年には内閣総理大臣にまでになった。石橋の主張は、リフレ主義（デフレを脱却して低インフレ状態で経済を活性化する政策）や、「小国主義」を安全保障の観点から採用するものだった。

小国主義とは、1921年のワシントン軍縮会議を契機にして、当時の日本の植民地やその獲得の野心の放棄を唱えた考えだ。「朝鮮、台湾、満州を棄《す》てる、支那から手を引く、樺太も、シベリアもいらない」「一切を棄つる覚悟」で、軍縮問題に挑むことを石橋は主張した。当時としては絶対的少数派の意見であった。

この小日本主義の主張は、単にイデオロギー的なものではない。石橋は植民地の維持や獲得にかかる費用と便益を比較し、経済面でもまた軍事面でも国民の利益に貢献しないと客観的なデータを駆使して論じたことに特徴があった。いわば経済合理的な判断での植民地の全面放棄を唱えたのである。植民地を放棄すれば、それに応じて軍事費が削減でき、可処分所得が増加することで民間投資も増加すれば国内経済も発展する。軍事部門という不生産な部門に、人やお金をムダに割り振ることをせずにすむだろう。

「さればもし我が国にして支那またはシベリヤを我が縄張りとしようとする野心を棄つるならば、満州、台湾、朝鮮、樺太等も入用ではないという態度に出づるならば、戦争は絶対に起こらない。従って我が国が他国から侵さるるということも決してない。論者は、これらの土地を我が領土とし、もしくは我が勢力範囲としておくことが、国防上必要だと言うが、実はこれらの土地をかくしておき、もしくはかくせんとすればこそ、国防の必要が起こるのである。それらは軍備を必要とする原因であって、軍備の必要から起った結果ではない」[1]

他方で、領土的野心を放棄することで、東洋の各国との融和をはかり、そして自由貿易を振興することの方がよほど日本やその交易する国々にとっても有益である。このように石橋の小日本主義は、日本国民の利害を主軸にしつつも、偏狭なナショナリズムに陥らず、国際主義的な視野に立つものであった。

表裏一体のリフレ主義

また、石橋の経済論の主眼である「リフレ主義」とは、第一次世界大戦後から長く日本が陥っていたデフレを伴う長期停滞を、積極的な財政・金融政策によって脱却していく方策であった。[2] 他国侵略や植民地経営に依存することなく、自国を豊かにし、また「人中心」の経済に移行するための政策でもあった。つまりリフレ主義と小国主義はこの点で表裏一体である。

リフレ主義については、昭和恐慌を脱した当時の大蔵大臣高橋是清の名前をとった「高橋財政」によって目覚ましい成果をみることができた。「高橋財政」という俗称はかなり誤解を招くが、その内実は金本位制という固定為替レートをやめて、変動為替レートに移行することにより金融緩和を行うことが可能になった。この政策の変更で経済危機を脱却できたことが決定的だった。[3] 財政政策はこのとき金融政策をサポートするように拡張的に運用されていた。

高橋是清は、経済が安定した段階で、積極的な経済政策を手仕舞いするつもりだった。ただし二・二六事件による高橋の暗殺とその後の放漫財政によってリフレ主義は無残な形で放

石橋湛山（写真提供：時事通信フォト）

棄されてしまった。また小国主義は採用されず、石橋が「大国主義の幻想」として批判した領土獲得競争は、やがてあまりにも多くの人命を奪う大戦に帰結してしまった。

　石橋自身、自分の次男を南太平洋の戦線で失っていた。社長を務めた東洋経済新報社は、戦禍を逃れるために岩手県横手町に疎開していた。石橋湛山は、終戦の日をその横手で迎えた。石橋の回想録である『湛山回想』（1951）には、日本の敗戦を予期し、政府首脳へ早期の終結を行うように、人を介して伝えていたとも記されている。

8月15日の石橋湛山

　また1944年の後半には、当時の大蔵省

内での秘密委員会ともいうべき会合で、戦後の国際秩序や経済をめぐる問題を、石橋は経済学者、財界人、官僚らと共に議論を重ねていた。そのときの石橋の議論の前提は、先ほどの小国主義に立脚したものであった。この時点で小国主義的な発想を採用するということは、日本の敗戦を前提にしていたと解釈できるだろう。[4]

その意味では、8月15日のいわゆる玉音放送の内容は、石橋にとっては十分に予期できるものだった。

「だが、一般の人々は、明日陛下の重大放送があると聞かされても、それが日本降伏の発表であろうなどとは、思いも及ばないことであった。したがって十五日正午、いよいよ降伏と発表されるや、皆きょとんとして、どうして良いのやら、どうなるのやら、わからなくなってしまった。わからなくなっただけでなく、恐怖した。敵軍が上陸して来たら、どんな目にあわされるかもわからぬと考えた。自暴自棄にも陥りかけた」[5]

このような「人心の動揺」を目の当たりにして、石橋は8月15日の午後3時には、横手町の有志の前で、「大西洋憲章や、ポツダム宣言に現れた連合国の対日方針について語り、また日本の経済の将来の見通しについて述べて、心配は少しもないから、安心して日常業務を励むようにと講演した」。

「人中心」の可能性を経済的に生かす

石橋はその後も講演や雑誌への寄稿を通じて、積極的に戦後日本のビジョンを伝えた。それは敗戦のショックが色濃い国民に、明瞭で具体的な「更生」への道筋を伝えるものであった。そのキーもまた小国主義とリフレ主義であった。以下の発言は、敗戦数年後のものであるが、同じ趣旨を敗戦直後から繰り返し、石橋は述べていた。

「今日の日本国民は再び臥薪嘗胆、富国（強兵は、あえていう要もなきも）を標語とし、何をおいても経済力の増強に奮励すべきである。富国なれば、もし要すれば、いかなる強兵も養うことが出来る。これに反して、いかなる強兵も、貧国においては用をなさない。それは太平洋戦争の経験が明らかに示した」

経済を大きく成長させることで、潜在的な自衛力も保持でき、また富の再分配による社会保障的な政策も可能になると、石橋は考えていた。経済を成長させるためには、政府の積極的な財政政策と金融緩和政策のスタンスが要求される。

積極的な財政政策は、長期的なインフラ整備を国債の発行によって行うべきだ、というのが石橋の主張だ。これはもちろん今日の日本経済にも必要とされるだろう。現在の財政政策は、財務省が主導する緊縮・消費増税主義によって侵されている。そのような緊縮政策は、日本の停滞をもたらすものである。この点は、いまも敗戦後の日本も変わらない。

石橋は次のように述べた。

「したがって日本では、なんでも、かんでも通貨引き締め政策を取らねばならぬとする説は、日本の資源の開発をはばみ、永久に日本を、その日暮らしの貧乏国にしておけということに外ならない」

この「日本の資源」には、モノだけではなく「人」も入る。いや、むしろ「人中心」にその可能性を経済的に生かすことが、石橋湛山の経済論の中心でもあった。

お金の量が足りない

日本は現在、北朝鮮など近隣諸国との軍事的緊張の中にある。また新型コロナ危機もあり、日本がデフレから脱却するには遠い。石橋湛山が8月15日に、新しい日本の針路とした小国主義とリフレ主義の教訓が活かされないのは、日本に岩盤のように存在する緊縮主義のためである。この緊縮主義は、ＧＨＱの占領を契機にして日本社会に強く根付いてしまった。

「失われた20年」と言われる１９９０年代初めから２０１２年頃までの日本の長期停滞は、デフレ（物価の継続的な下落）を伴っていた。人々の所得が減ってしまい、日々の暮らしも困難になる人や就職、進学などで苦労を味わう若者も多かった。実際に経済的な理由で退学していった学生たち、就職が決まらずにずっとコンビニや居酒屋などでアルバイトしていた卒業生も多かった。

また、就職してからも大変だった。最もデフレ不況が深まった時期には、卒業生のためにその会社の上司宛てに「推薦状」を書いたこともたびたびあった。ふつうは就職する際に、大学や教員が推薦状を書く。だが、「失われた20年」のピークのときは、就職してからも困難が続いたのである。

多くの企業は、将来性や人材育成よりも目先の利益の獲得のために、若い人材の使い捨てや「試用期間切り」のように使う前から切り捨てることもあった。そんな環境の中で、本人に頼まれたり、または会社の上司の方がその卒業生の将来性について「推薦状」を書いてくれと要請されたのである。

もちろん喜んで引き受けた、と書きたいが、そのプレッシャーは尋常ではなかった。一人の元学生の人生を直接左右しかねないからだ。そのためか、当時過労で倒れてしまった。

おそらく、この種の話は、大学教員の多くが体験したことだろう。景気が悪くなるということは、少なくとも学生たちの就職を極端に困難にする。もちろん就職だけではない。今書いたように、働くこと、生きることが難しくなるのだ。

景気をよくすること、もう少し難しくいえば雇用を最大化する責任は、多くの場合は政府と中央銀行がその責務を負う。デフレを、モノとお金の関係で考えてみよう。モノの価格が下がることは同時に、お金の価値が高まっているということだ。なぜお金の価値が高くなるかといえば、それはお金が手元にないからだ。具体的には、給料やバイト代などが不足している状態だ。

要するに、お金の量が足りないことをデフレは意味する。しかも、より重要なのは、これから先もお金の量が足りなくなると国民が思っていたことである。将来にわたってお金が不足することを人々が予想していることが、日本のデフレを考える上で最も重要だ。そして将来にわたってお金の不足を解消する責任は、究極的には中央銀行、つまり日本銀行にある。だが、官僚組織の常というべきか、日銀もまたそのデフレ不況を解消する責任を20年以上、一貫して拒否してきた。

日銀無罪論をめぐって

今の黒田東彦総裁の前まで、日銀は雇用にも経済の安定にもほぼ無関心だった。昔の日銀は「失われた20年」に対して「無罪」を主張してきたのである。この「日銀無罪論」は、官僚の伝達機関でしかないマスメディアや、経済論壇でも主流の意見だった。

例えば、いまも日銀内部では人気の高い白川方明前日銀総裁は、日本経済の低迷とデフレを人口減少に求めている。[6] 簡単にいえば、働く人の数が減少することで生産性が低下していき、購買力も失われてしまった。日本銀行は人口減少をふせぐ力はないので、日本経済の低迷に責任はない、というのが白川の立場だろう。

ただし、人口減少デフレ説は現実の前に否定されている。日本の人口減少率は、2019年でマイナス0・22％（前年比）だ。対して、全国消費者物価指数（生鮮食料品を除く）はプラス0・6％である。消費増税の影響がなかった18年は0・9％だ。白川総裁の日銀時代はデフレが普通だったが、インフレ目標に届かないものの、消費増税と新型コロナ危機の前までは上昇傾向でもあった。人口減少とデフレは結びついていない。単に白川時代の金融政策が間違っていたのだ。

「白川時代」と書いたが、実は日本銀行の伝統的な見解とは、経済不況に対して中央銀行は積極的な金融緩和をむしろしない方が望ましい、という考えが昔もいまも支配的だ。これを「日銀理論」と名付けている。まさに緊縮主義以外のなにものでもない。アベノミクス以降、「日銀理論」に反対する政策決定メンバーが増えているが、日銀の底流はいまだにこの「日銀理論」だ。

白川時代はちょうど民主党政権の時代にあたる。野田佳彦首相と白川総裁は、前者が消費増税路線、後者が不況の中での消極的金融政策と、ある意味でぴったり合った緊縮主義コンビだった。もちろん日本には不幸な時代だ。

リーマンショック以降の長引く不況、そして東日本大震災、円高やデフレが加速する中で、積極的な経済復興策として、日本銀行が長期国債の直接引き受けを行い、積極的な財政政策を行うことが話題になった。石橋湛山のリフレ主義の現代版である。具体的には償還期限が1年以上の長期国債を政府が発行し、それを日本銀行が紙幣と交換することを意味する。政府はそれで得た長期資金をさまざまな経済復興の財源に利用することができるのだ。しかしこのような日本銀行の長期国債の直接引き受けをめぐっては、当時の野田・白川コンビはきわめて否定的だった。

日銀の長期国債の直接引き受けについて、最も極端な反応を示しているのが、当の白川だった。長期国債の直接引き受けは、通貨の信認を低下させて、ハイパーインフレーション（きわめて高いインフレ率）をもたらすと白川は当時、学会などの席上で発言していた。中央銀行総裁が、公の場で、自国の通貨の信認の低下に言及するのはきわめて異例であり、その意味からも日本銀行がこの長期国債の直接引き受けにただならぬアレルギーをもっていることがわかる。

戦前のリフレ政策の「成功」が史上最大の「汚点」に

ところで、ここで不思議な歴史的なパズルがある。そもそもこの長期国債の直接引き受けで、経済復興をなしとげたのは、ほかならぬ日本銀行だったからだ。ただし昭和恐慌の時代、高橋是清蔵相と深井英五日銀副総裁のコンビによって事実上、実施されたものだ。日本はこの日本銀行による長期国債の引き受けという超金融緩和と「ケインズ」的な財政政策の組み合わせで、世界恐慌と深刻なデフレが続く先進諸国のなかで、もっとも早い復活をなしとげた。

この政策の組み合わせを「リフレーション政策」（略してリフレ主義）と名付けている。リフレの意味は、大恐慌の特徴であったデフレーション（物価の持続的下落）をとめ、緩やかなインフレ状態にもっていき経済を活性化することである。

当時の深井日銀副総裁は、日銀引き受けの国債発行を「一石三鳥の妙手」と呼んだ。一石三鳥とは、市場への潤沢な資金提供、積極的な財政政策が行えること、さらに国債の安定的な消化につながるからであった。まさに手放しに近い絶賛である。

だが、白川時代はもちろんのこと、黒田総裁になってリフレ政策が基本的に採用されてからも、日本銀行の「正史」では、戦前のこのリフレ政策の「成功」は、同行の歴史に残る最大の汚点として刻印されている。[7]

このような日本銀行の立場の転換は、いつ、どのような理由で生じたのだろうか？

私の見解では、その主要な歴史的起源は二つだ。(1)極東国際軍事裁判（東京裁判）で採用された史観の影響、(2)マルクス経済学者ら左翼系知識人の影響、である。いずれも戦後まもなくの出来事だ。

この二つの原因が、リフレ政策を「失敗」と決めつけ、その後の日本銀行の歴史観そのものになっていった。白川は、前例踏襲的にこの戦後生まれの日銀の遺伝子を継承していると思われる。

このような日本銀行の反リフレ政策＝デフレ志向の政策観について、終戦直後から一貫して戦った人物が石橋湛山であった。石橋は東京裁判の場で日銀史観に対して批判を展開した。

石橋湛山、東京裁判での戦い

石橋が極東国際軍事裁判で被告側の弁護を行おうとしたことは、彼の戦前から戦中にかけての活動を研究するものにとっては驚きだろう。石橋は、『東洋経済新報』誌を舞台に、経済的帝国主義（日本の行き詰まりを海外領土や権益拡張で打破する考え方）を「大国主義」として、自らの立場（＝小国主義）から一貫して批判してきた人物だった。そのため、この極東国際軍事裁判での弁護は、あたかも「大国主義」そのものの弁護のように受け取られ、石橋の立場と矛盾するかのように解釈されかねない。

しかし私見によれば、そのような解釈は皮相なものである。むしろ石橋が極東国際軍事裁判で日本の立場を弁護したことは、彼の小国主義と経済政策の立場（リフレ主義）からいって必然的なものだったといえる【8】。

『極東国際軍事裁判』の「弁護側証拠書類」に、石橋の反証書類は整理されている。ただし証拠として正式に採用されたものは、石橋の提出したもののうちごく一部で大半は不採用に終わっている。

石橋は当時、東洋経済新報社長、大蔵大臣であり、この弁護依頼を受ける数日前にＧＨＱから公職追放の指定を受けていた。マッカーサーをはじめ、ＧＨＱでは石橋を頑固なインフレ主義者ととらえ、その政策観と態度を、後にドッジ・ラインで頂点を迎える緊縮主義の障害としてみなしていた。

さて、当時の検察側の主張は、明治以降の日本の工業化が軍事目的であり、また昭和恐慌からの回復が、特に日本の対外的侵略に帰結したことを立証することに重点が置かれていた。これに対する、石橋の反論は、まさに真逆であり、日本の工業化が侵略戦争を準備するものではないことにあった。戦前の日本の経済と政治の特徴は、人口過剰の圧迫から発生していると石橋は断じる。

人口増加ゆえ財政が逼迫《ひっぱく》し、食糧自給が不可能になる転換点が近いという危機意識が日本には蔓延していた。人口過剰と経済停滞を連動させて考えていたことが日本の政策の誤りだった。人口減少デフレ論ではなく、人口増加デフレ論が当時の政策当事者や識者たちの「通説」だったのだ。

これに対して、人口増圧力に対する日本の適切な政策は、工業化の推進と外国貿易の自由化の奨励だ、と石橋は戦前から主張していた。そのために各国との平和的な協調（小国主義）こそ、日本の最善の選択でもあった。

だが、日本の工業化は、１９１０年代終わりから30年まで「不景気時代」で停滞してしまう。この原因は、政府と日本銀行が採用した増税による財政均衡主義と金融引き締めによるデフレ政策であった。

「併《しか》し此の不景気時代は日本に於《おい》ては一九三一年を以て終り一九三二年からリフレーション政策が取られた為め工業も亦《また》俄然繁栄期に入り」職工の数も増加した。一九一九年と一九三一年のそれに比して、リフレーションによる繁栄によって職工数は倍増。「一九三一年以来の比較的急速の進歩は実はその年以前十年間の遅滞を取り返す運動であつたに過ぎず何等異常の進展ではなかった」。

このように石橋は、東京裁判における連合国側の主張である、侵略戦争を目的に１９３１

年以降、急速に日本が工業化していったという主張を否定した。さらに石橋は31年以降の経済の加速化は軍備を整えるための拡大政策ではなく、デフレがあまりに経済を低迷させたために、そこからの回復が急上昇にみえただけである、と指摘した。むしろ貿易、諸外国からの経済的圧迫などが、日本をやむを得ず戦時体制に追い込んでいくことになった元凶である、と石橋は断じている。

しかし、裁判ではこの石橋の経済史観が勝利を得ることはなかった。事実として彼の発言はわずかな部分が証拠として採用されただけであり、満足な審理もされずに忘却された。あとには、この裁判の残した通説――戦前のリフレ政策は結局、戦争拡大と敗戦を招いた、という負の遺産（＝経済思想）が残された。

ハイパーインフレーションの神話を打ち破れ

『日本銀行百年史』という日本銀行の〝正史〟では、戦後のハイパーインフレーションは、高橋是清蔵相の下での国債の直接引き受けに始まるとし、その危険性が強調されている。[9] 戦後の混乱時期を生きた多くの人が、生活必需品をはじめとした物資の高騰に悩まされ、また預金封鎖や新円切り替えなどで財産を喪失した思い出を語ることが多い。

他方で、戦後のハイパーインフレーションについては、その実体経済に与えた影響は不思議なほど議論されてこなかった。ほとんど生活実感から、戦後のハイパーインフレは必然的に実体経済にもマイナスであったと信じられているようだ。

しかし真実は必ずしもそうではない。実際には日本経済の戦後の復興に、この「ハイパーインフレ」はかなりの貢献を果たしたといえる。ハイパーインフレーションの定義は、最近の海外の事例であるジンバブエのように年率１万％の上昇率をもってするものや、ＩＭＦの定義のように10％台を上回るものまでさまざまだ。いずれにせよ、１万％にははるかに及ばないものの、日本が昭和21年から昭和23年まで、最高で５１４％、最低でも１７０％台のきわめて高いインフレに襲われたのは事実である。

当時のハイパーインフレーションの原因は、生活物資の不足を中心とした供給能力の低下があり、また同時に、復員軍人への手当や軍需工場への戦後補償、また復興金融金庫による復興資金の膨張に求められる。一方での供給の絶対的な不足と、他方での大量の貨幣の流通という経済全体のアンバランスが生じていた。特に大量の貨幣発行は、日本銀行の国債の引き受けが手法として選ばれていた。ここに今日の日銀が国債の引き受けを批判する根拠の一つがでてくる。

この21年から23年のハイパーインフレの時代の過半を、蔵相として務めたのが石橋湛山であった。22年5月に石橋は公職追放を受けたが、23年度も基本的に石橋の財政路線が踏襲されている。そのため、当時の石橋はインフレの責任者として厳しく批判された。

しかし、石橋のインフレに関する持論にはいささかも揺るぎないものがあった。以下に蔵相当時の彼の見解を端的に示す発言を、やや長いが引用しておきたい。これは戦後のGHQの検閲資料を収集したプランゲ文庫で、私がたまたま発見した『石橋湛山全集』にも未収録の講演原稿からである。[10]

「なほ、インフレの問題が非常にやかましくなつて来たのですが、私はかねて申す如く日本の終戦以来のインフレといふものは、成程インフレには違ひないけれども、普通に謂《い》ふ意味のインフレとは性質が甚だ異なつて居る。（略）

言いかえれば政府が財政上の必要から通貨の発行を致したのではなく、国民諸君が銀行から預金を引き出した、或《あるい》は終戦後経営困難に陥つた諸会社が、その経理を続けるために銀行から金を借りた、斯う云ふことで、つまり民間の必要から起こつた紙幣の膨張です」

つまり生活必要品の著しい欠乏、石炭、鉄鋼、肥料などの基礎的な資材が不足していたことに、インフレの究極的な原因がある。一般に信じられているような財政危機の深刻化からくる「悪性インフレ」ではない。実際に、日本政府の抱えている負債の多くは、同時に自国民の資産であり、純債務はわずかなものでしかない。また、戦後賠償のハードルは著しく低いことが当時から予想されていた。その意味では、今日でいえば、戦後の政府の状況はギリシャのように対外債務の結果の「財政破綻」的状況とははるかに遠かったといえる。

葬り去られた戦後復興

石橋の発言をさらに引用しよう。

「大体において悪質インフレといふものは、政府の財政の膨張が紙幣発行になる場合です。若しくは政府の財政が止め度なく膨張致し、それを紙幣の発行で賄ふならば、インフレは何処までも進んでいくか分かりません。然るに終戦後の紙幣の膨張は、謂わば過去のインフレが紙幣の形になつて現れたと申すべきものです。戦時中若しくは終戦直後に出来た預金が引き出された、或いは会社の経理が苦しくなつて銀行から借金をした、その借金は何かといへば戦時中膨張した会社の会計を、終戦後の生産の停滞した場合に維持する必要から、已むを得ず起こつたものです。斯様なインフレであるならば是は必ず停止すべきものである。

言いかえればあのインフレは成程一面に於いては紙幣の膨張になりましたけれども、同時に経済界の大きな恐慌を伴つて居つたのです。経済界は非常な恐慌であり不景気であると云ふのが現状であつて、普通にインフレに伴ふ景気現象はないのです。ここに今日の所謂インフレといふものが、普通に云はれるインフレと非常に性質が違ふ所と私は考える。これは恐慌の問題であり、不景気の問題である。そうすると、どうしても八千万の国民が働けるように早く経済界を立て直し、生産を増進することが根本問題であつて、徒にインフレを恐れて、消極策を採り、益々生産を阻害して国民各自の働きを鈍らせることがあつては、せつかくインフレを防止しようとしても、其の目的に甚だ反するものと思ひます」

この見解に立脚して、石橋は蔵相就任後の財政金融政策を進めた。岩田規久男によれば、高率なインフレの一方で、日本経済は高度成長期並みの成長率を達成した。昭和22年の実質成長率は11%、実質個人消費も9%の増加、日本銀行の国債引き受けによる資金調達が効果を発揮し、民間の設備投資の落ち込みを政府投資が93％も増加して経済を牽引《けんいん》した。また事実上の石橋財政が継続した昭和23年もまた実質経済成長率は16％、個人消費は13％、そして民間投資も復調し10％の増加であった。またインフレ率も、成長率の急回復と民間の生産の復活を受けて急速に低下しはじめた。[11]

しかし、このようなインフレ政策は、マッカーサー自身とGHQの手厳しい反応を生んでしまった。そのことが、石橋の公職追放につながり、また昭和24年度からのいわゆるドッジ・プランによる超緊縮財政とデフレ政策に帰結していく。このドッジ・プランによって、物価は急激なデフレを経験し、実質経済成長率、民間投資なども急減した。

また失業率も急増し、物価安定の代償として日本経済の戦後復興は大きく頓挫した。これは占領政策が、日本を対ソ連戦略上で経済発展させるか、あるいは停滞させたままでおくかの方針の点で、大きく前者に傾きながらも、デフレ政策を採用することで結局は日本経済を停滞させた「政策思想の失敗」による。

結局、日本が本格的な戦後復興の道についたのは、朝鮮戦争による特需景気をまってのことになった。日本の自主的な経済政策による戦後復興はこうして葬り去られた。

都留重人の反リフレ志向

ところで、デフレ的な政策を好んだのはGHQだけではなかった。例えば当時、およそすべての財価格や賃金などの決定を握り、予算配分も決定していたスーパー行政機関に「経済安定本部」があった。経済安定本部の超越的ともいえる権力は、いまの財務省以上のものであり、その理由はGHQが背後に存在していたからであった。事実上、GHQの経済政策の最上位のエージェントとしてこの組織は機能していた。

経済安定本部の長は首相が兼務したが、実質的にこの組織を取り持ち、GHQとの調整を担ったのは、都留重人（当時、経済安定本部総合調整委員会副委員長、後の一橋大学学長）であった。彼は作家の水木楊によれば、当時「都留天皇」と陰で形容されていたという。[12] 実際に都留は、マッカーサーの手紙の案文をGHQ側から託されるほどの強い信頼関係があった。

都留は、戦前にハーバード大学で学び、そこで「近代経済学者」のワシリー・レオンチェフやポール・サミュエルソン、そしてマルクス経済学者のポール・スウィージーらと交流を重ねた新進気鋭の経済学者でもあった。彼はまた、戦時中から、リフレ政策に批判的であることでも知られていた。

戦後の都留のイメージは、サミュエルソンのベストセラー『経済学』の翻訳のせいもあるのか、ケインズ主義者のイメージが強い。しかし、彼の一貫した立場は、ニューディール政策（リフレ政策）への否定的な見解を含めて、むしろ反ケインズ主義的なものだ。

なぜか都留の著作集では無視されている彼の処女作に、昭和19年に東大で行われた講義をもとにした『米国の政治と経済政策』というものがある。この講義では経済不況を市場がうまく解決できない問題であることを示す一方で、その対策として出てきたケインズ的なニューディール政策の効果がはっきりしないことも主張していた。都留によれば、むしろニューディール政策によって、雇用を最大化することが優先された結果、米国は日本に対する戦争を採用することになったと断じている。[13]

この見解は、勘のいい読者はおわかりだろうが、先に極東国際軍事裁判で検察側が提起した史観を、米国側に適用したものといえる。つまり米国でも日本でも、リフレ政策は戦争に帰結し、それによって不況から脱出した、ということである。都留の反リフレ志向は徹底していて、当時、経済安定本部に出向していたリフレ主義者の下村治（後の池田勇人内閣のブレーン）が、石橋と同様なインフレ観を報告書で提出したときには、徹底してそれを排撃した。

下村治は1910（明治43）年11月生まれ。東京大学経済学部を卒業し、大蔵省、日本開発銀行設備投資研究所長などを歴任。52年『経済変動の乗数分析』で〝下村理論〟と後に呼称される理論を展開した。この理論から日本の高度成長を予測、池田勇人内閣（1960年7月─1964年10月）では首相のブレーンになり、「所得倍増計画」策定に関与したとされている。

下村の経済理論（リフレ主義）は、民間の自由な経済活動を重視し、他方で不況に対しては、政府と中央銀行の積極的な経済政策を重視していた。まさに石橋湛山と同じ経済思想を持っていた。下村は経済安定本部に勤務していて、そこで第1回『経済実相報告書』の執筆に関わったが、その草稿を都留に没にされてしまった。没にされた草稿は現在残っていないが、上久保敏（大阪工業大学教授）によれば、インフレの原因とその対処をめぐる考えの違いだった。[14]

都留は、すでに見たようにインフレは基本的に闇市場がもたらすものであり、その対策は価格統制や闇で儲けている人たちを取り締まることであった。対して、下村の立場はGHQに排撃された石橋湛山とほとんど同じだった。インフレは生産の不足から来るのであり、国民生活を低下させないためには、生産を増やすことしかないとした。

経済の活性化に役立つ「目標」

「都留天皇」と、やはりインフレ嫌いであったマッカーサーを頂点とするGHQは、デフレ志向と財政均衡主義で、かなり歩調を合わせたものだったことは確かである。また終戦直後から、社会的な言論の場では、マルクス経済学の地位が著しく上昇していた。特にその最大のスターは、東京大学の大内兵衛であった。大内は戦争中から日本銀行や大蔵省での財政・金融政策のアドバイザーとして有力な存在であった。

大内はしばしばラジオ番組に出演して、国民に対してインフレを警戒するように呼びかけた。特に昭和20年10月17日の放送は、歴史家のローラ・ハインの表現を借りれば「とほうもなく大きな衝撃力をもっていた」。[15]

大内はそのラジオ講話の中で、石橋の前任者であった渋沢敬三蔵相に呼びかける形で、いまのままの財政・金融政策では、かならずハイパーインフレーションになると警告したのである。大内の放送は、まさに政策を変えた。渋沢は、預金封鎖、新円切り替え、戦時補償打ち切り、物価統制、財産税などの政策を矢継ぎ早に連発した。これらのインフレ対策はGHQの支持を得てもいた。

しかし石橋湛山は、この大内のラジオ講話が代表する知識人たちのインフレ警戒の声こそ、国民のインフレへの不安を顕在化させ、インフレ期待に火をつけた元凶にみえた。

「私は昭和20年の終戦直後、内外の情勢から推断し、日本には激しいインフレを発生するごとき外力の圧迫が起こる危険はないと予言した。ところがその頃の日本の多くの学者、評論家はほとんど一致して（あるいは今日でも同様であるかもしれぬが）あらゆる悲観材料を数え上げて、インフレ必至論を高唱宣布した。後にもいうが、終戦後の日本にインフレ傾向を促進した最も有力な原因は実はこれらの悲観論であったというても、過言であるまい」[16]

今日でも新型コロナ危機での大型の財政支出をみて、日本でも財政規律の緩みや「国民の借金」の増加などといった「悲観論」がマスコミを中心に喧伝されている。この種の「悲観論」が合理的な根拠を持たずとも、悲観が悲観を生んで、インフレをある意味で自己実現してしまう側面を、石橋は指摘しているともみなせる。

最近でも国会で、麻生太郎財務相は、国債・円の信認消失について懸念を表明しているし、また白川方明も総裁在任時に通貨の信認の低下の危険性を口にしていたが、そのような政策担当者の根拠なき妄言は慎むべきだろう。なによりもインフレの懸念よりもデフレを心配する状況が、新型コロナ危機に悩む日本経済の現状だからだ。

先の講演の最後で、石橋は不安を煽りインフレやデフレを引き起こす政策ではない、経済の活性化に役立つ「目標」を提起している。

「何よりも先に生産を殖やすと云ふことに着眼しつつ、同時に金融、通貨、物価などの調節を図る、ここに中心の目標がなければならぬを私は信じて居るのであります」

現実の動きをみてみると、石橋や下村の見解の正しさが明らかである。GHQが貿易の制限を緩和していくにつれて、海外から生産のための資材が輸入されていった。生産増によって、物価はハイパーインフレの状況から48年後半には70％から17％台に、急速に低下していった。また雇用は先に指摘した通り完全雇用を達成し、人々に生きる道を与えた。実質経済成長率も、石橋が蔵相だった期間は二桁成長だった。

石橋がGHQと都留ら左翼系学者に抗した成果はあった。だが、歴史ではむしろGHQの「経済民主化」の成果が強調された。また、この生産増による物価の低下はドッジによるデフレ政策によって妨害されてしまった。しかし、石橋や下村の遺産こそ今日に活かすべきである。

このような政策を今日に活かすものとしては、2〜3％の緩やかなインフレを「目標」とし、雇用の最大化を図る政策が提唱されている。だが、終戦直後と同じように反リフレ勢力は依然として健在だ。この負の遺産こそ、本来の日本の経済的独立を損ねる「亡国経済学」といえるだろう。

亡国経済学とは何か

「亡国」とは文字通りにいえば、日本という国が消滅することである。それを目的にした経済学はあるのだろうか？　答えはイエスである。その歴史はかなり古く、ルーツは戦前にまで遡る。また「亡国」の定義を、日本国民の生活水準をあえて意図的に低下させること、という意味に解すれば、その種の亡国経済学の論者は昔もいまも枚挙に暇《いとま》がないほどだ。

亡国経済学の基本的な特徴は、日本が深刻な長期停滞に陥っていて、すでに通常の景気対策などでは根本的に立ち直ることができない、そのため日本の構造的な問題を一挙に解決するしか道はないと唱えるものである。

例えば、日本国が消滅するという意味での、亡国経済学を唱えた代表論者にロンドン・スクール・オブ・エコノミックスの教授だった森嶋通夫（１９２３―２００４）を挙げることができる。森嶋は、日本は没落の過程にあるという。その原因は、主に二つ。一つは、日本の人口減少による経済成長率の低下。もう一つは、「人口の質」の低下である。後者の「人口の質」とは、教育の質が低下したことに求められる。

さらにわかりやすくいえば、日本人のモラルや民度が低い、ということだ。またそれを助長するような、日本的な雇用システムのあり方も問題だとする。例えば単に偏差値が高いだけで、大企業に入り、そのまま終身雇用や年功序列の世界で保護されていく。他方で偏差値が低いというだけで、中小企業に入り、相対的に低い条件での就業を強いられる。このような大企業と中小企業の「二重構造」が、「人口の質」の低下とともに、楔《くさび》を穿《うが》ったように日本の構造問題として成立している、と考えた。そしてこの構造問題の解決は、彼によれば「亡国」に求められた。

もちろん森嶋は「亡国」とはいってはいない。もっと穏便な形容で、「東北アジア共同体」と称している。これは、日本、中国、朝鮮半島、台湾、琉球（彼はなぜか日本と沖縄を分離する）を政治的・軍事的・文化的に統合する。その上で領土を人為的にいくつかのブロックにわけて統治する、という主張をした。いまもたまに話題に出てくる「東アジア共同体」構想が、どちらかというとユーロ圏などを念頭においた通貨統合を図るものにくらべると、非常にドラスティックである。

昭和研究会の主張

この森嶋構想では、もちろん〝日本は消滅〟する。かつての日本人たちは、それぞれの共同体のブロックの中で、必死に新しい環境に適応するために努力する。日本人のモラルは高められ、共同体の精神に奉仕するだろう……というのが森嶋の亡国経済学の骨子だ。

トンデモ構想である、と断定すればいいだけに思えるが、実はこのような解決方法は、冒頭でも書いたように、戦前からある。例えば、昭和研究会は、そのような主張を持つ人が多かった。

昭和研究会とは、1936年11月に近衛文麿の私設秘書だった後藤隆之助が中心になり、各界からの人材を登用した、近衛の私的な政策ブレーン集団のことである。昭和研究会は、経済、政治、対中国・欧米との外交問題、教育、文化など多様な話題について政策提言をまとめ世の中に公表し、その啓蒙に努めた。

その構成メンバーは、後にゾルゲ事件で逮捕される尾崎秀実《おざきほつみ》や、笠信太郎《りゅうしんたろう》、三木清《みききよし》、蠟《ろう》山政道《やままさみち》、松本重治《まつもとしげはる》、佐々弘雄《さっさひろお》らが参集した。特に同会の経済政策の担当は、笠信太郎と三木清であり、この二人の提唱したものは、先の森嶋と同様に日本亡国論＝大東亜共栄圏論であった。

笠の代表的な著作であり、当時のベストセラーに『日本経済の再編成』（１９３９）という著作があるが、そこでは資本主義でも社会主義でもない第三の道として、共同体（＝大東亜共栄圏）にコミットすることで、高いモラルを得ることができ、そのことによって単なる営利心以上に頑張るようになる、と説かれている。先の森嶋通夫の日本亡国論は、この昭和研究会の延長上にある発想といえるだろう。

シュンペーターの「春の大掃除」

ところで昭和研究会でも森嶋通夫でも、これら亡国経済学には一つの前提があった。それは、日本がもう普通の景気対策では復活できない、日本は構造的な停滞の中に埋没しているという信念である。

この構造的な問題を解消するために、亡国という厳しい環境の中で「日本人」をシバキあげれば、日本の成長が促されるという妄念に彼らはとりつかれていた。このような厳しい環境で国民をシバキあげることで、日本経済を復活させようという考えを、経済学では「清算主義」といっている。亡国経済学の背景には、この清算主義の思想がべったりと貼りついていることに注意が必要だ。

清算主義を少し丁寧に定義しておこう。経済の成長や発展といったものは、資源をムダに利用しないことによってもたらされる。社会にムダな資源の利用があればそれを積極的に除去しなくてはいけない。ただしそれには政府の支援はかえって妨げになり、市場の淘汰の力で清算を行うべきである、というものだ。

例えば、不況がどんなに深刻であっても政府は何もすべきではなく、そのまま放置して自然治癒を待つという立場である。失業保険も年金・医療保険などもこの清算主義の立場からは、ムダの典型として否定される。むしろ亡国経済学のように、厳しい環境になればなるほど、ムダが排除され、さらに高い経済成長を達成できると、清算主義者は考えている。

この清算主義をもっとも明瞭に打ち出したのは、ジョセフ・シュンペーターである。[17] シュンペーターは世界恐慌を経験した後の1941年に行われた講演会の席上で次のような発言を残している。

「ところで、景気の衰退とは何でしょうか。それは、存続しえない、また、持ちこたえられない要素を排除することを意味しています。それは、多くのものを破壊しながら無情に進行する「春の大掃除」で、価格・信用の構造がなければ無限に存続しうるものです。しかし、そのような「春の大掃除」の後、私たちは、常に、新たな消費財の到来を見ます。一九三〇年代の間でさえ、私たちは、その徴候をいくつか見ました。例えば、誤って労働生産性と呼ばれたマン・アワーあたりの生産高は、技術的、組織的、商業的などの進歩の徴候ですが、それがかなりの上昇をみせています。したがって、後に社会全体に対して消費財の供給をもっと増やすことが可能であるという事実は、一九二〇年代における過去の上昇を基礎としているだけでなく、枯れ枝を落とす無慈悲な大掃除の結果です」[18]

シュンペーターにとっては「春の大掃除」＝清算こそが資本主義経済に「創造的破壊」をもたらすものと考えられていた。例えば、いまの日本経済の潜在的な成長率が２％程度だとしよう。これは黙っていても毎年２％ずつ経済の大きさが拡大するだけの潜在力がある、ということだ。

だが、現状の日本経済はマイナス成長に直面してこの潜在的能力を十分に引き出していない。ふつうの経済学では、その原因は人々の投資や消費が冷え込んでいるためであると考える。しかし清算主義では、それはムダが存在するからだととらえる。このムダを排除すれば、「創造的破壊」が可能だ。「創造的破壊」が実現すれば、いままでの潜在成長力よりもさらに高い潜在成長力に日本経済は目覚めるだろう。

つまり、現状は潜在成長率以下だが、経済をどんどん厳しい環境におけば、ムダが排除されて、その結果、二段跳びで従来よりもさらに大きな潜在性に目覚めるというわけだ。日本では「創造的破壊」を望ましいイノベーション（革新）と同義語としてもてはやすのが一般的だが、そのご本尊であるシュンペーター自身の背景にはこのような清算主義があることを忘れてはならない。

原因の多くは戦争による混乱、政府紙幣の乱発

さて、清算主義ではさらに二つの点が今日では重要である。一つは、政府の積極的な財政・金融政策などの支援は、ムダな企業や労働者の清算を遅らせることで、かえって厳しい不況をもたらす、ということである。

例えば、ふつうの経済学では不況が続いてしまうのは、財政政策や金融政策が積極的では

ないためだ、と解釈するのが一般的である。だが清算主義では違う。財政政策や金融政策が積極的であるがゆえに不況が持続するのである。だがそのような積極的な政策には限度がある。いずれ、この不況で均衡した状態は、ムダの累積によって維持することができず、以前よりもさらに激しい「春の大掃除」がはじまり、不況の過程はより厳しいものになるだろう。

さらに注意すべき第二点は、デフレを伴う不況の解消のためにインフレの状態を目指そうとして、積極的な金融政策を援用すれば、実体経済の改善にはまったく効果がないにもかかわらず、ある日いきなりハイパーインフレーションに見舞われるであろう、というものである。このときハイパーインフレーションの効果によりさらに経済は失速する、と清算主義者は考える。

なお念のためにいっておくが、過去のハイパーインフレーションは積極的な金融政策の活用の結果もたらされたものではない。多くは戦争による混乱、もしくは政府が増税することがまったくできない状態で、政府紙幣を乱発するときに限られている。その乱発の規模は、いまの日本でいえば国民一人当たり１００億円を配ればなんとか実現できるかもしれない。言い換えれば、まず日本では起こりえない典型的な事例である。

現代日本の清算主義者たち

亡国経済学の中で最も恐ろしいのは、日本を東アジア共同体の中で解消する非現実的なものよりも、いま説明した「清算主義」の方である。なぜなら清算主義は、現実の経済政策の中にも支持者がいるし、また経済論壇でも有力だからだ。

例えば、典型的な日本の清算主義の主張は次のようなものだ。いまの日本は国債の低金利とデフレの継続による「デフレ均衡」の状態にある。日本経済がなぜそのような状態になったかといえば、日本が構造的なムダの問題に直面しているからだ。この「デフレ均衡」は、積極的な財政政策と金融政策によって維持されているが、それには限界がある。やがてムダの延命のつけが、財政危機の形となって日本経済を襲うだろう。この状態を解消するためには、増税による財政再建が必要だ、とこの種の清算主義は提唱する。

他方で、より積極的な金融緩和は、通貨の信認を揺るがせると否定している。通貨の信認が揺らぐとは、簡単にいえばハイパーインフレ的な可能性を匂わせるものだ、と先に白川前日銀総裁や麻生財務相の言葉を紹介する際にも言及した。もちろん不況の中の増税は、ふつうの経済学では、さらに消費と投資を冷え込ませ、経済不況を一段と深め、結果的には財政再建も遠のく。だが、清算主義的な発想は、そのようなふつうの経済学を否定している。

さて、清算主義者が日本のムダの代表として挙げているのが、日本の雇用システムと中小企業だ。中小企業への清算主義については、新型コロナ危機の中で脚光を浴びているので後にまとめて論じる。前者については、日本の雇用システムは採用コストが割高であり、これがグローバル化競争の中で、日本経済を停滞させている最たるものだ、という解釈だ。そのため日本の清算主義者は、この採用コストを引き下げることを強く主張している。

採用コストとは、単純化すると雇用者報酬（雇用者数×時間×一人当たり賃金）を引き下げることである。雇用者数と労働時間を一定とすると、一人当たりの賃金を引き下げることに等しくなる。これは個別企業の採用コストの圧縮だけではなく、もちろん企業全体の雇用コスト一般にも適用できる。

しかし給料が減少して、はたして私たちの社会はより望ましい状態になったといえるのだろうか？　むしろ生活への不安が加速化し、消費や投資が冷却することで、さらに経済は負のスパイラルに落ち込むだろう。厳しい不況における給与の劇的な引き下げはまた働く人たちの労働意欲も削ぐだろう。それがふつうの経済学の示唆するところだ。

デフレの継続＝占領史観の継承

日本自体を消滅させるほど、「日本人」を厳しい環境に置くことで頑張らせる、亡国論。その起源が、昭和研究会の参集した経済学者たちにあることはみた。その代表者である笠信太郎も三木清も、ともにマルクス主義の影響を色濃く受けていた。また、尾崎秀実に至ってはコミンテルンのスパイであった。

この三者だけでなく、日本亡国論や清算主義の基本は、デフレを継続させることが望ましいとするものだった。そのデフレ親和的な傾向は、現代も続いている。その典型例が、東京裁判でのGHQによる反リフレ主義であり、それを体現している日本銀行の伝統的な経済観である。日本は公式統計をみても、国内総生産（GDP）の物価であるGDPデフレーターでみると94年から2014年まで長期のマイナス（デフレ）であった。このときのデフレは経済規模の縮小が伴っているので、私たちの生活が苦しくなっていることに等しい。そのような国民を厳しい環境に置く状態がずっと継続していた。これが「失われた20年」の現実である。

このような長期のデフレはなぜ起きたのか？　その答えはふつうの経済学では明白だ。物価とは、モノと貨幣との相対価値を示すものである。デフレは、モノに対して貨幣の価値が上昇しているからだ。なぜ貨幣の価値が上昇するのか。それは貨幣の希少価値が高いからだ。

つまり、いまの日本は20年近く貨幣が不足する状態にある。それは直観的にも、私たちの所得が全く伸びていないことにも表れている。お金が不足しているのだ。そして日本でお金を供給することができるのは、日本銀行だけである。

また日本銀行はその設置法において、物価の安定を課せられている。だが「失われた20年」のあいだ、日本銀行が行ってきたのはデフレの継続である。これは日本銀行自身が、物価の安定をデフレでの安定と読み替えている証拠であろう。これをデフレ・ターゲットとよぶ人たちもいる。

そしてデフレを継続することは、日本を厳しい経済環境におくことであり、それはまさに戦前からの清算主義を引き継ぎ、すでに指摘したように東京裁判でのＧＨＱの占領史観を継承した結果であった。いまも日本銀行は公式には、ＧＨＱ史観を否定していない。高橋是清による日銀の国債引き受けによる大恐慌脱出は、日銀の歴史上の汚点という評価のままである。つまり、日銀の根底には清算主義的なものが現在も継続しているとみていいだろう。

「どえらいリスク」論が与えた負の影響

安倍政権のアベノミクスの核は、大胆な金融緩和にあった。この大胆な金融緩和を主導したのは、黒田総裁や日銀の政策委員として任命されているいわゆるリフレ派の面々だった。だが、黒田総裁はリフレ的な金融緩和を継続する一方で、彼の出身母体である財務省的な緊縮主義にも囚われていた。そのことは安倍政権の中で行われた消費増税についての、黒田総裁の発言をみれば容易にわかる。

日銀の岩田規久男前副総裁「告発の書」といえる『日銀日記』（筑摩書房、２０１８）には、メインテーマとして前回２０１４年の消費増税の「主犯」黒田総裁への批判が取り上げられている。これは14年の８％増税の実施前に、内閣府が２０１３年に開催した消費増税の集中点検会合で、黒田総裁が「どえらいリスク」と発言した有名なエピソードに基づくものだ。消費増税を行うかどうかの重要なタイミングで、消費増税を先送りした場合の金利急騰を「どえらいことになって対応できないというリスク」だと指摘したのである。要するに、黒田総裁は消費増税を先送りすると、国債が暴落し、財政危機が生じるという見方を披露したのである。

この「どえらいリスク」論は、当時の政治的な文脈において相当な影響を及ぼした。なぜなら、13年はアベノミクスの効果が、日銀の大胆な金融緩和により、その効果がてきめんに表れていた時期だったからだ。つまり、アベノミクスの骨格を担う中心人物の「警鐘」が、安倍晋三首相の増税判断にも大きな影響を与えたと思われる。

当時、マスコミと経済学者やエコノミストの圧倒多数が、消費増税の影響は微々たるものであり、むしろ増税による財政危機の回避などで、やがて消費が回復するとさえ主張していた。それがいかにデタラメだったのか、日本で生活していれば自明であろう。

もちろん、事実を素直に受け取れない人たちは、なぜかアベノミクスの失敗、つまり金融緩和政策の失敗と問題をすり替える。実際には、消費増税の影響で金融緩和の効果が著しく減退したのである。この積極的な経済政策を否定するそのマインドは、自然現象として表れたのではない。戦前からの緊縮主義に、ＧＨＱや東京裁判が「正史」としてお墨付きを与え、いまも日本の経済政策観を拘束しているのである。

新型コロナ危機下の清算主義――生産性とは何だろうか

アベノミクスの継承を謳って自民党総裁選で勝利した菅義偉首相は、「縦割り行政」の打破や、新型コロナ危機で落ち込んだ経済の再生に取り組むと表明している。菅政権に影響力を与えるのではないか、とされている人たちがしばしばマスコミで取り上げられている。代表的には、デービッド・アトキンソン（小西美術工藝社社長）である。

アトキンソンの経済政策観で問題になっているのは、以下の彼の主張だろう。

「今回のコロナ・ショックで、小規模事業者の数は減少することは間違いありません。そんないまこそ、政府には小規模事業者に偏った産業構造を変える政策を打ち出していただきたい。このコロナ・ショックはそういう意味でも、日本を変えるチャンスなのです」[19]

コロナ・ショックは深刻な経済危機をもたらした。だがその危機を利用して、経済全体の生産性を高める、というのがアトキンソンの主張だ。ところでアトキンソンの主張は、生産性を中心にしている。この生産性とは何だろうか。

アトキンソンが注目しているのは就業者当たりの労働生産性で、以下がその簡単な式である。

就業者一人当たりの労働生産性＝購買力平価で測った名目ＧＤＰ／就業者数

購買力平価というのは、日本と外国との為替レートの長期的な推移を示すものである。名目ＧＤＰというのは、経済全体の時価総額と考えていい。この定義式から、労働生産性をあげるには、分子（＝名目ＧＤＰ）を大きくするか、あるいは分母（＝就業者数）を小さくすればいいことになる。もちろん、分数式なので分母・分子の大きさのバランスにも依存する。

言い換えると、労働生産性がなぜ低いかというと、名目ＧＤＰが大きくないか、あるいは就業者数が大きいからである。いま就業者数を一定とすると、要するに労働生産性とは、就業者一人当たりの名目ＧＤＰの大きさを言い換えただけのものになる。名目ＧＤＰは付加価値の総額なので、生産性とは就業者一人当たりの付加価値でもある。

病人を放置するだけの思想

名目ＧＤＰを大きくするには、新型コロナ危機ではどうすればいいのだろうか？　アトキンソンの解答は、コロナ・ショックを利用した小規模事業者の淘汰のようである。このような発想は、いままでみてきた清算主義そのものだ。もともとは経済学者のジョセフ・シュンペーターが唱えた「創造的破壊」に基づくが、シュンペーターほど洗練化されていないある種の「信念」である。清算主義の「信念」は、以下のように整理できる。

清算主義の「信念」：非効率的なものを「清算」して、現実に落ち込んでいる成長経路を、以前の潜在的成長経路「以上」に高める政策思想。政府介入は否定し、市場の「淘汰」で行う。

もっと簡単に解説すると、風邪をひいて体調をこじらせている人をそのまま放置しておけば、以前よりも強壮な潜在能力を発揮する健康体に生まれ変わる、という思想である。風邪薬を飲んだり、医者にかかることは、むしろ強壮な健康体に生まれ変わるのを阻止してしまう。この比喩でもわかるように、かなり無理筋の考えだということがわかるだろう。

では、実際の日本経済にアトキンソンの主張をあてはめてみよう。アトキンソンが標的にする生産性の低い小規模事業者とは具体的にどの業態になるだろうか。小規模事業者の生産性を、『中小企業白書』（2020年版）でみてみると、確かに小規模事業者（小規模企業）の方が中堅企業（中規模企業）よりもどの分野でも生産性は劣っている。

アトキンソンのシナリオでは、新型コロナ危機によって小規模企業で職を失った人が出たとしても、中規模企業が吸収するという。その結果、より生産性の高い中規模企業に優秀な人たちが吸収されることで生産性がより高まるというのだ。

だが、現実の雇用状況をみてみると、そのアトキンソンのシナリオはまったく妥当ではない。

雇用統計調査によれば、新型コロナ危機によって小規模企業で働く人たちは2020年1月の1525万人から8月は1456万人に減少し、また中規模企業もまた2036万人から1994万人に減少している。新型コロナ危機というショックによって単に雇用が小規模企業、そして中規模企業ともに悪化しているだけである。病人が風邪をこじらせて悪化しているのだ。

中規模企業の「淘汰」も

さらに、この新型コロナ危機は特定の産業に重度の雇用ショックを与えている。特に宿泊・飲食サービス、卸売・小売、そして生活関連サービス・娯楽の雇用の落ち込みが顕著であり、続いて製造業、建設業が並ぶ。これらの産業は小規模企業と中規模企業の生産性の格差をくらべてみると、従来から大きくないことが知られている。

いずれの産業でも大企業と中小企業（小規模企業と中規模企業）の生産性の格差は大きい。しかし現在、雇用破壊に直面している産業では、小規模企業と中規模企業ではそもそも生産性の格差が大きくない。

例えば、最も雇用破壊に直面している宿泊・飲食サービスの生産性は、小規模企業は105万円、中規模企業は117万円である。生産性格差はほぼないに等しい。実際に2020年度の『中小企業白書』でも「特に、業種全体として労働生産性の水準が低い「宿泊、飲食サービス業」「生活関連サービス業、娯楽業」「小売業」などでは、個別企業の経営努力や企業規模の拡大のみによって、労働生産性を大幅に向上させることは容易ではない可能性も示唆された」としている。

しかも繰り返すが、新型コロナ危機でこれらの産業は特に雇用破壊に直面している。小規模企業と中規模企業ともに雇用を大きく減らしているだけなのだ。新型コロナ危機によって小規模企業の「淘汰」は起きているが、同時にアトキンソンが評価する中規模企業の「淘汰」も起きているのだ。彼の清算主義は事実から支持されない。

おカネを潤沢に注入するしかない

では、どうすればいいか。新型コロナ危機は、サプライチェーンの分断など生産面の縮小よりも、個人や企業のおカネの不足（＝需要ショック）の方が深刻である。日銀の片岡剛士政策委員は、2020年9月の講演の中で、「製造業では、自動車を中心に供給ショックの影響が強めに出た一方、非製造業では、対個人サービスや宿泊・飲食サービスを中心に、需要ショックの影響が非常に大きかったと試算されました。また、全業種を通してみると、需要ショックの方が優勢で、価格が下押しされる方向であったと推計」している。[20]

新型コロナ危機では、生産ショックもあるが、それ以上に需要ショックが深刻である。この需要ショックの解消法が、アトキンソン流の清算主義ではないのはもちろんだ。まさに単におカネ不足を個人、企業ともに解消することが重要なのである。

実際に安倍政権、そして菅政権とこのおカネ不足の解消にコミットし続けている。日本ではなぜか評価されないが、GDPに比較した各国の経済対策では、2020年終わりでは、日本は世界で最高水準であった。いわゆる真水（定額給付金など）では米国に次いで世界2位、そして融資などの真水以外でもイタリア、ドイツに次いで第3位である。真水とそれ以外の総合では、ドイツと僅差の第2位であり、この新型コロナ危機の経済対策が功を奏していて、現状では先進国中最も経済の落ち込みが小さい。

もちろん、それでも雇用破壊が進んでいる現状は深刻だ。最新の失業率は2・9％（コロナ危機前は2・4％）に悪化しているが、休業者や働くこと自体を断念した人たちを加えた「真の失業率」（未活用労働指標Ⅳという）はコロナ危機のピーク時には、8％に迫っていた。

図表2-1　需給ギャップの推移

備考：1.内閣府「国民経済計算」、「固定資本ストック速報」、経済産業省「鉱工業指数」等により作成。
2.シャドーは景気後退期。また、破線は第16段階の景気の山（暫定）。

失業率が例えば年初から1％上がるとすると、オーカンの法則という経済学の知見を応用すると、1年を通じた経済の損失はGDPの8％になる。金額にすれば約40兆円が新型コロナ危機によってこのままでは失われる。このおカネの不足の解消は、やはりおカネを潤沢に経済に注入するしかない。

実は需要ショックが深刻なときに、潤沢におカネを注入する政策こそが、アベノミクスの核心部分だった。実際には日本銀行の金融緩和政策によって行われた。その成果で、安倍政権では需要ショックは基本的に解消されている。図表2-1では需給ギャップ（総需要と総供給の差）が描かれている。マイナスに落ち込んでいるときは、総供給よりも総需要の落ち込みが深刻な需要ショックが顕在化していることを示す。安倍政権発足以降は、14年の消費増税での落ち込みや、それ以後の世界経済の低迷もあるが、総じて21世紀の中では需要ショックが解消されている。ちなみに図表2−1では、現状のマイナスの需要ショックがリーマンショック（２００８年―09年）を遥かに上回っていることもわかる。

アベノミクスによってマイナスの需給ギャップが減少することで、雇用とＧＤＰの改善が生じた。安倍政権の発足時では、失業率は４・３％だったが、新型コロナ危機前には前記したように２・４％にまで低下した。生活実感のベースにもなる名目ＧＤＰは、４９２兆円から昨年末には５５２兆円まで拡大したのである。実は、このおカネ不足の解消（＝需要ショックの解消）こそが、アトキンソンが日本経済の強さとして理解していることの真の原因である。

重要なのは「人手不足」

アトキンソンは「製造業、建設業、小売業など企業数が減っている業種ほど生産性が上がっているだけではなく、不思議なことに付加価値総額も増えているのです。生産性は付加価値を従業員数で割ったもの。企業が倒産し、雇用が減り、付加価値があまり変わらなければば、当然、一人あたりの生産性は上がります。しかし、そうではなく、付加価値の絶対額が増えているのです」として、その「不思議なこと」の理由を、個々の企業の経営努力による生産性の向上に求めている。

アトキンソンだけが主張しているのではないが、ミクロ的な経営の刷新、企業のグローバル化への対応、「第四次産業革命でのイノベーションの波及」や、規制緩和や市場ルールの整備の必要などはそれぞれをみれば重要なものだ。だが、いずれもおカネ不足の解消ではない。

むしろ「低生産企業」がアベノミクスの期間中、減少したのは「人手不足」といわれる需要ショックの解消と、その後の名目ＧＤＰの安定的増加に基づく。人手不足になれば、人材を確保するために見合った報酬を与えることができない「低生産性企業」は淘汰されていく。この時、そこで雇用を失ったとしてもより高い報酬を払うことのできる「高生産性企業」に無理なく吸収される。

また「人手不足」の解消のために、人員を節約できる設備の導入のために企業の設備投資が意欲的になる。例えば労働者に代替するロボット化・ＡＩ化などの促進だ。このことも、生産性を高めるイノベーションに結実する。つまりおカネ不足＝需要ショックの解消こそが、付加価値の増加と雇用の増加の二つを両立できた理由である。

これは何も不思議なことではなく、需要ショックが解消すれば多くの国で観察できることだ。残念ながら日本では、90年代からの長期停滞（需要ショックの長期化）のために忘れられた成功体験である。

もちろんアベノミクスの需要ショック解消は、まだまだ不十分だった。実際に図表をみれば、消費増税（2014年）以後、中国や欧州の経済低迷などの期間は需要ショックが深刻化している。消費増税は国内の経済政策なのだからそれを実施しなければ、より経済の「生産性」は高まっただろう。

韓国経済で起きた最低賃金引き上げ政策の末路

また、アトキンソンは最低賃金の引き上げを唱えることでも著名である。最低賃金は、安倍政権下では毎年順調に引き上げられ、2012年の749円（全国平均）から2019年の901円（同）にまで増加した。

この最低賃金をめぐっては、雇用に与える影響をめぐって論争がある。アトキンソンは最低賃金の引き上げが、経済を安定化させるとしている。経済学者の多くはこの見解に懐疑的だろう。例えば、最低賃金を上げることで、新しく採用される予定の若者たちが、雇用されにくくなり若年失業率の上昇に結びついてしまう、というのが典型的な批判だ。

私見を述べれば、アトキンソンの最低賃金引き上げ肯定論も、経済学者たちの否定論もともに不十分である。

先のアベノミクス期間中に「低生産性企業」から「高生産性企業」にヒトが移動することで「生産性」が上昇したのと似た理屈が成立している。「人手不足」によって、実勢の賃金水準が上昇している。そのため最低賃金を上げても、市場で実際に成立している実勢賃金よりも低いので、雇用の妨げにはならない。逆に、この実勢賃金よりも最低賃金が上回ってしまえば、経済学者たちの指摘のように若年失業率は上昇してしまうだろう。

この後者の典型例こそが、文在寅《ムンジェイン》政権下の韓国経済で起きた最低賃金引き上げ政策の末路であった。最低賃金の引き上げによって恩恵を得たのは、すでに職を得ている人たちであり、新規採用される若年者の雇用状況は高止まりしたままだった。最近は新型コロナ危機により若年層の失業率は二桁になり、文政権や社会の不安定要因になっている。

ただし通常の金融政策と財政政策で需要ショックを解消する中で最低賃金を引き上げていくアベノミクス路線は、アトキンソンのいう経済の安定化をもたらすことになる。特に「人手不足」の中で最低賃金を引き上げていくことは、非正規雇用の生活の安定やまた経営者側が「安価だ」として外国人労働者に依存する方途を絶つうえでも有効である。その意味では、実は通常の金融・財政政策がうまく効果を発揮できる中で、経営や雇用の成長戦略はその効果を発揮するのである。

注

【1】石橋湛山（1996）『大日本主義との闘争——石橋湛山著作集：政治・外交編』鴨武彦編、東洋経済新報社。

【2】リフレーション、リフレとも今日表現されている。もともとは米国の経済学者アービング・フィッシャーが使いだした用語だが、日本で最初に援用したのは石橋湛山である。なお現代のリフレ主義については、髙橋洋一・田中秀臣『日本経済再起動』（かや書房）が、さまざまな経済論との比較の中で現代リフレ主義を解説していて便利である。

【3】昭和恐慌期の経済論や経済政策については、岩田規久男編著（2004）『昭和恐慌の研究』東洋経済新報社が詳しい。

【4】姜克實（2014）『石橋湛山』（吉川弘文館）での指摘。

【5】石橋湛山（1951）『湛山回想』毎日新聞社、同書は追記が付されて岩波文庫（1985）の

ものが参照に便利である。以下、断りない限り、石橋の発言は同書による。

【6】白川方明（２０１８）『日本銀行』東洋経済新報社。

【7】日本銀行の「正史」は、『日本銀行百年史』日本銀行である。同書はネットで全文を読むことができる。https://www.boj.or.jp/about/outline/history/hyakunen/index.htm/

【8】石橋湛山の東京裁判における弁論の全文その解説は、小堀桂一郎編著『東京裁判　幻の弁護側資料――却下された日本の弁明』（ちくま学芸文庫）で読める。

【9】『日本銀行百年史』第4巻53―56頁などを参照。

【10】「インフレ対策と経済安定」昭和21年9月10日発行『特集雑誌　自由国民　通貨不安はどうある』。

【11】岩田規久男（２０１１）『経済復興』筑摩書房。

【12】水木楊（１９９９）『エコノミスト三国志』文春文庫。

【13】都留重人の経済論については、田中秀臣（２００６）『経済政策を歴史に学ぶ』ソフトバンク新書を参照されたい。

【14】上久保敏（２００８）『下村治』日本経済評論社参照。下村と都留の対立は、この「経済実相報告書」を巡ってだけではなく、その後も何度も論争となった。この「報告書」の段階でも対立した経済思想は明確で、下村は短期と長期にまたがる「成長」を重視し、都留は「格差」（再分配）を重視したといえるだろう。彼らの論争を俯瞰するものとしては、若田部昌澄（２０１５）『ネオアベノミクスの論点』ＰＨＰ新書が便利である。また、都留がなぜ下村の「経済実相報告書」の草稿を没（実際には下村の草稿中の表現など一部は残されている）にしたのか。都留自身は占

領期間後、ＧＨＱのニューディーラーとの意見と摺《す》り寄せるために没にしたことを認めている。本文でも触れているが、日本におけるニューディーラーは経済を刺激して成長させるよりも再分配政策に大きく傾斜し、経済のパイはむしろ縮小することを志向していた、と断じていい。その意味では「ニューディーラー」よりも左翼的な社会改良家の側面が強く、都留とはその面でも波長が合ったのだろう。参照：上久保敏（２０１０）「『経済実相報告書』再考――都留重人の真意とニューディーラーの影響――」『日本経済思想史研究』第10号。

【15】ローラ・ハイン（２００７）『理性ある人びと　力ある言葉：大内兵衛グループの思想と行動』岩波書店。

【16】石橋湛山「戦後日本のインフレーション」『石橋湛山全集：第13巻』東洋経済新報社。

【17】清算主義の理論的な評価は、Ｊ・ブラッドフォード・デロングの論文「〝清算〟循環と大恐慌」（１９９１）や、慶應義塾大学の竹森俊平（２００７）『経済論戦は甦る』（日本経済新聞出版）に詳しい。

【18】Ｊ・Ａ・シュンペーター「われわれの時代の経済的解釈」『資本主義は生きのびるか』八木紀一郎訳、名古屋大学出版会、２００１年。

【19】「零細企業の倒産は日本にとってプラス」『Hanada』２０２０年7月号。

【20】https://www.boj.or.jp/announcements/press/koen_2020/ko200903a.htm/

第3章

集団安全保障と憲法改正の経済学

マッカーサーたちのトンデモ防衛論

今日、経済問題と安全保障が密接に結びついているという認識はかなり広まっているだろう。米中貿易戦争をみてもそれは単なる米国の対中貿易赤字を減らすためだけではなく、米国と中国のいずれが世界政治の覇権を取ることができるかの攻防戦だと、多くの人たちはみなしている。

国力を測るには、経済力、軍事力、そして文化戦略（ソフトパワー）の三つの観点が必要だ。特に経済力、軍事力はハードパワーとして極めて重要になる。だが、日本では緊縮主義というGHQが強化した日本経済衰退論が根強い。そのため経済の長期停滞がそのまま防衛力の停滞につながってしまった。

今日、中国軍の脅威に圧迫されているのは、中国の異常な軍備増強に加えて、日本の防衛力の劣化にも起因している。また軍事力（防衛力）そのものも、憲法9条の一解釈によって常に国内世論が分断され、まともな安全保障議論がなされてこなかった。戦後の日本国憲法は、もちろんGHQが主導して作成されたものである。戦前から日本国憲法のさまざまな構成要素（国際主義、生存権など）にかかわる議論はあったが、実際に憲法策定を主導したのは、GHQであることは明瞭である。

しかも日本国憲法の「戦争の放棄」には、マッカーサーたちの意図として、自国の安全を維持するための最低限の武力すら放棄することが目指されていた。[1] まさにトンデモ防衛論なのだが、このような極端な平和主義はいまでも健在である。例えば、他国が日本に軍事侵略してきたら即座に「降伏」して武装を捨てると公言する人も多い。絶対的平和主義のようだが、実は何にも考えていない無思考の表れでしかない。

集団的自衛権とは何か

このような安直な平和主義はしばしば日本の安全保障論議を混乱させる。まさにGHQの最大の負の遺産ともいえだろう。最近でも、安倍政権下での安保法制問題で、この憲法第９条問題をめぐって日本の世論が分断した。

いま軍事的な同盟関係にあるA国とB国が存在するとしよう。この軍事的な同盟は「集団的安全保障」とも言われる関係だ。例えば日本と米国の安全保障条約もこの集団的安全保障であるし、また国連自体もこの集団的安全保障としてみなされる。

ところで、自衛権を個別的自衛権と集団的自衛権に分ける議論が、安保法制問題でも一般的だった。

　個別的自衛権というのは、A国（もしくはB国）が別のC国から攻撃を受けたとする。そのときにA国（あるいはB国）自ら敵国Cに対して防衛力を行使することが個別的自衛権だとされる。それに対して集団的自衛権は、同盟関係にあるB国がC国から攻撃を受けていることに対して、A国がC国に対して防衛力を行使することを言う。

　安倍政権のもとで可決された平和安全法制整備法と国際平和支援法（両者を安保法制と略称）というのは、この後者の集団的自衛権の行使を認めることだった。

　しかも安保法制は、集団的自衛権の行使を無条件で認めるものでもなかった。きわめて「限定的」である。内閣官房のQ＆Aのコーナーの記述をみると、「あくまでも国の存立を全うし、国民の命と平和な暮らしを守るための必要最小限度の自衛の措置を認めるだけです。他国の防衛それ自体を目的とするものではありません」とするものだ。[2]

　例えば日米安保条約の枠内で、この「限定的」な集団的自衛権の行使を考えると、安保法制成立前までは日本への他国からの攻撃に対して米国は軍事的支援を行うが、他方で日本は、日本の防衛を行っている米国に対する他国からの攻撃に防衛力を行使することは不可能だった。簡単にいうと基地提供などを除くと、片務的な性格が強いものであった。「片務的」

と書いたが、NATO（北大西洋条約機構）など地域的な集団的安全保障の枠組みの多くが、集団的自衛権の行使を自明とする中では、日米安保は特異な状況だったといえる。

他国の侵略に全面降伏する憲法学者

国内では意見が割れたが、海外メディアの方が適切に事態を分析してもいた。『フィナンシャル・タイムズ』では、以下のように論じられていた。

「これは正当な変更だ。軍事力の増した中国の台頭で日本の安全保障環境は変化している。不安定な北朝鮮が核爆弾を持っている事実もしかりだ。日本は戦時の侵略に対する償いをドイツほどうまく行えてはいないが、日本の部隊は過去70年間、敵に弾丸を1発も撃ったことがない。現在審議中の安全保障法案が成立しても、日本国憲法（の解釈）で許される武力行使の自由裁量は、依然として世界のほとんどの国よりも制限される。それに加え、インド、フィリピン、ベトナムなど多くのアジア諸国は中国のますます強気な姿勢を懸念しており、日本が軍事力を高めることを支持している」[3]

だが日本の憲法学者の多数は、安保法制における集団的自衛権の行使を「違憲」とみなした。憲法学者の多くは、自衛権を個別的自衛権と集団的自衛権に区別し、前者は日本国憲法が認めているが、後者は認めていないとする立場だ。なかには個別的自衛権の行使としての自衛隊の存在自体を認めない法学者もいる。まさに他国の侵略の前に全面降伏するトンデモ論が、現在の日本の憲法学者の世界で流通しているのだ。

憲法が「使いものになるのか」否か

もちろん日本の憲法学者の中にも、集団的自衛権を合憲と考えた人たちもいる。過去を遡れば、佐々木惣一の憲法9条と自衛権についての考察は注目に値する。佐々木惣一は、戦前から戦後にかけて憲法学の世界できわめて著名な人物であった[4]。

佐々木は一貫して、憲法9条の法理論的解釈として、日本が自衛力を保有することを合憲としていた。また今日の議論のように、自衛権を個別的自衛権と集団的自衛権に分けて佐々木は考えない。つまり自衛self-defenseには、国際的な解釈と同じように、自分（自国）のみならず、親や子など近しいもの（同盟を組んでいる他国など）を守るという意味も含んでいると考えた。きわめて良識的な解釈だろう。

また佐々木の憲法論は、現実の問題に適用可能な実践的なものだった。彼は純粋に法解釈の次元と、それを現実の文脈においたときに憲法が「使いものになるのか」否かという政策論の次元を分けて考えていた。佐々木のこの区別（憲法解釈の次元と政策論の次元の区別）は、彼の戦前からの立憲主義の立場に通じていた。単に条文解釈に安住するのが立憲主義ではない。その現実的政策、政治のあり方との関連を厳しくみることが、立憲主義の本意である、と佐々木は考えていたのである。【5】

佐々木の「憲法9条と自衛権」をめぐる主張を、まずは純粋な法解釈の面からみておこう。佐々木は次のように自衛権として戦力を保有することを、国際協調の面からも重要であると指摘している。

「国際関係複雑を極め、諸国間の対立激甚を極める今日、いかなる場合にも、いかなる国家よりも、侵略をうけることがないとは限らぬ。そういう場合に、国家としては、自己の存在を防衛するの態度をとるの必要を思うことがあろう。これに備えるものとして戦力を保持することは、国際紛争を解決するの手段として戦力を保持することではないから、憲法はこれを禁じていない。このことは、わが国が世界平和を念願としている、ということと何ら矛盾するものではない。これは、今日いずれの国家も世界平和を希求していること、何人も疑わないにもかかわらず、戦力を保持しているのと同じである」[6]

さらに佐々木は、憲法9条の条文そのものに即して以下のように詳述する。

「憲法によれば、国家は、戦力、武力による威嚇及び武力の行使については国家が国際紛争を解決する手段としてする、というものという標準を設け、かかる戦争、武力による威嚇及び武力の行使を放棄している。故に、国際紛争を解決する手段としてではなく、戦争をし、武力による威嚇をし、武力を行使することは、憲法はこれを放棄していない。即ち禁じているのではない。このことは、前示憲法第九条第一項の規定を素直に考究すれば、明瞭である。同条項によりて、国家は、戦争、武力による威嚇及び武力の行使の三者を放棄する。換言すれば、してはならぬ、と定めている。が、併し、これらの行動を全般的に放棄しているのではなく、その行動を、国際紛争を解決する手段として、することを放棄する、のである。故に、国際紛争を、解決する手段以外の手段として、戦争することは、憲法により禁ぜられているのではない。国際紛争を解決する手段以外の手段として、戦争をする、という場合としては、例えば、わが国が突如他国の侵略を受けることがあって、わが国を防衛するために、その他国に武力を以て対抗して、戦争をするが如きは、明らかにこれに属する。（略）故に、いわゆる自衛戦争は憲法の禁ずるところではない」[7]

第2項の戦力の保持や交戦権についての条文については、まず「戦力の保持」は国際紛争を解決する手段としての戦力保持を禁じているだけであり、自衛のための戦力保持を禁じてはいないとする。また「交戦権」については、「第一項は戦争するという事実上の行動に関する規定であり、第2項は、戦争に関する意思の活用に関する規定である」として、国際紛争を解決する手段としての戦争をする意思を活用することを表現している。そのためこの交戦権否認も自衛権を放棄しているわけではない。

この解釈は純粋な法理論のモノであり、現実の政策とは分けて考えるべきだと、繰り返し佐々木は強調している。わかりやすくいえば、どんなに憲法解釈が純法理的にすばらしくても、現実に平和が維持されないでは意味をなさない。そこに佐々木の現実主義的な立場が濃厚に表れる。現在の安保法制議論でも単なる憲法学者の「違憲」表明だけで安保法制のもつ現実政策的側面（中国やロシア、朝鮮半島情勢などの安全保障上の脅威）が忘却されがちである。その点を合わせて考えると、佐々木の視点はいまも鋭い。

また日米安保条約について、佐々木は米国軍の日本駐屯と憲法第9条は矛盾しないと述べている。この点は純法理的な解釈だけではなく、佐々木がどのように、現実の政策と純法理的な解釈との（緊張）関係をみていたのか、それを考えるうえでも有益だ。

佐々木は日本の自衛力を踏まえた上で、「然るに、わが国は、現在では一切の戦力を有していないのだから、自衛のための戦争でも事実、することはできない。それで、自国を防衛する方法として、他国の戦力に依頼し、他国の軍隊をして、わが国の領土に駐屯して、必要に応じてわが国の防衛に当らしめる、ということを定めたのが日米安全保障条約である。これは、わが国が他国の侵略に対して自国を防衛する一方法である。憲法第九条に抵触するものではない」[8]。

1950年代の砂川事件はしばしば憲法第9条をめぐる判例として参照されている。砂川事件は、米軍基地の拡張をめぐる東京都砂川町（現：立川市）の一部住民と学生らの反対闘争に関する問題である。学生らが米軍基地内に侵入して米軍に拘束され、後に身柄が日本に渡され起訴された事件だ。この米軍基地内での逮捕、身柄引き渡しなどは、安保条約を根拠にしていたが、そもそも安保条約が憲法第9条に抵触するか否かが論点となった。

砂川事件の判決をめぐる議論の際には、「判決は日本の個別的自衛権のみについてふれていて、米軍基地は米軍の集団的自衛権に関わる」というのが通説的な解釈である。つまり「日本の集団的自衛権」については論争点になっていない、というのだ。

だが、佐々木はこのような個別的自衛権と集団的自衛権の区分に立脚していない。佐々木にとって自衛権は個別的自衛権と集団的自衛権は区別なく一体となったものだからだ。このような憲法解釈は、現在の安保法制を考える上でもきわめて重要だ。ただし、日本の憲法学者で佐々木のような〝良識〟を発揮する学者はごく一部である。ただし例外的な憲法学者もいることに注意したい。[9]

百地章（日本大学教授）、浅野善治（大東文化大学教授）は以下のように座談会の席上で述べている。

「百地　多くの違憲論者の反論は間違いです。学生は刑事特別法違反の罪で起訴されましたが、この事件ではそもそも駐留軍を保護する法律は許されるのか、という点が争点となりました。駐留軍が違憲なら、それを保護する法律も違憲。そこで駐留軍と当時の日米安保条約の合憲性が争われ、最高裁は駐留軍を合憲と判断しました。52年に発効した旧安保条約の前文には「国際連合憲章は、すべての国が個別的及び集団的自衛の固有の権利を有することを承認している。これらの権利の行使として、日本国は（中略）国内及びその附近にアメリカ合衆国がその軍隊を維持することを希望する」と明記されています。最高裁はこれを踏まえて判断したのですから、個別的自衛権と集団的自衛権の両方を認めたことになる。傍論どころか堂々と主論で述べていると思います。

浅野　国家固有の自衛権の有無を判断したわけで、そこには当然、個別的自衛権と集団的自衛権の区別はされていないわけです」[10]

公共財という考え方

以下では、日本国憲法は個別的自衛権も集団的自衛権も認めているとして議論をすすめる。だが、ことは憲法解釈の次元だけではもちろんすまない。日本国憲法が個別的自衛権と集団的自衛権を一括して認めていても、現実の日米安保のあり方が、防衛という「財」の配分を歪《ゆが》めてしまっている。この点を経済学の観点から簡単に説明しよう。

公共財という考え方が経済学にはある。これは公園や道路などをイメージするとわかりやすい。国や地方自治体が運営している公園、または国道や県道などは多くの人が特段の許可

図表3-1

	競合性高	非競合性
排除可能性高	私的財	クラブ財
排除可能性低	オープンアクセス財	純粋公共財

もいらずに自由に利用しているだろう。これを「非排除性」という。また公園で散策している人が一人余計に増えたぐらいでは他の人の散策の邪魔になることはめったにないだろう。これを「非競合性」という。

この非排除性と非競合性の両方の性格を備えた財を「公共財」といっている。防衛は公共財の一例とみなされていて、自衛隊による防衛はすべての国民がなんらかの金銭的な負担をしなくとも国民であるということだけで享受することができるし、また一人余計に守られるべき国民の数が増えてもそれによって既存の自衛力が左右されることはほとんどない。

図表3-1では、（純粋）公共財の他に、私的財、クラブ財、オープンアクセス財が区分されている。

私的財の特徴は、コンビニやスーパーで販売されている食料などの生活必需品をイメージすればいい。料金を支払わないと購入できない（排除性）し、またその財やサービスを消費すれば他の人が消費できないかもしれない（競合性）。クラブ財は、名前のとおりに会員だけが利用することができる財やサービスの消費である。会員以外は消費できない（排除可能性）が、他方で会員同士であれば競合することはない。オープンアクセス財は、牧草地など地域の人たちが自由に使うことができる（排除不可能性）が、他方で特定の人がたくさん牧草を自分の牛だけに食べさせてしまうと他の家の牛が食べる牧草がなくなってしまう（競合性）ケースなどを想定している。

「戦略的代替」と「戦略的補完」

防衛は公共財でもあるが、また他国との集団的安全保障の枠組みで考えれば「国際公共財」である。日本の安全保障をこの「国際公共財」の観点から、イェール大学名誉教授の浜田宏一は興味深い分析を提起している[11]。

例えば、冷戦構造のなかでは、米ソがその防衛という国際公共財の供給を大きく負担し、NATO諸国や日本、韓国などはそれに「ただ乗り」（フリーライド）していた。これを浜田は「戦略的代替」と名付けている。

米国はソ連と直接の対抗関係にある。ソ連が軍事的支出を増やせば、それに応じて自国の防衛のために軍事費を増やして対抗しなくてはいけないだろう。これは両国が過剰な軍事支出を行うプレッシャーになっていく。典型的には、人類を何度も絶滅させることが可能なほどの核兵器の保有や、世界各地に点在した両国の軍事基地などがその証拠であった。

だが、両国と軍事的な同盟関係にある国々は事情が異なる。米ソ両国の過大な軍事支出の傘の下で、それにフリーライドする動機付けが強く左右するだろう。例えば冷戦期のＮＡＴＯ諸国の経済規模に対する防衛費の割合をみると、米国の負担に比較するとはるかに低いことが知られている。また日米安保条約における日本の片務的な防衛のあり方もフリーライダーの典型的な事例だろう。

この「戦略的代替」が存在するときに、国際公共財の供給は非効率的な水準、つまり望ましいものよりも同盟国がなまけることで、「過小なもの」になりやすい。「過小」と書いたが、これはあくまでも日本の防衛負担に関してだ。実際にはムダなほどの核兵器がつくられたり、過剰な基地配備が行われたりすることでムダな防衛の配分がみられ、日本独自の最適な防衛力の整備がなされていない。沖縄に米軍基地や演習場が集中していることは、この米軍へのフリーライドがもたらした典型的な事態である。

他方で隣国との摩擦が絶えないところでは、また別な国際公共財の動きがある。例えば周辺国同士の争いの可能性に直面していると、お互いの国は軍縮が一番いいと思っていても、自分の国だけ軍縮してしまうと相手が軍拡すると不利になってしまう。そこでお互いに軍拡を選んでしまう。同盟国同士であれば同盟国の軍事支出がどんどん増えていく。この状況を、浜田宏一は「戦略的補完」と名付けた。[12]

冷戦後でも日本、韓国ともにフリーライダー戦略を採用していることに変わりはない。ただし米国は世界的に過大な防衛費を負担する動機が低減している。他方で中国の軍事的な脅威は日増しに増加している。この米軍へのフリーライドの弊害、そして長期停滞と財政の緊縮主義による防衛費の削減などが、日本の防衛力を衰退させてきた。この流れの中では、米国を始め、同盟国との防衛協力の再構築は不可避である。

もちろん、日本独自での防衛力の整備も必要だ。沖縄への米軍基地や演習場の集中を緩和する政策も必要だろう。現在の中国の軍事的脅威を考えると、沖縄の防衛力を下げる選択はあまりに非現実的である。武田康裕は、米軍の施設や区域を日米で共同利用することで、日本の米軍へのフリーライドを解消し、自国の防衛力の自律性を高める提案をしている。[13] いずれにせよ、ほとんど合理性を見出せない防衛費のＧＤＰ１％枠の「しばり」など公式に放棄し、自国防衛の合理的な水準を目指すべきである。

核保有せずNPT体制に加わるメリット

日本の防衛力不足を核武装によって一気に解決しようという主張もある。[14] この核武装論は問題点が多い。90年代、安全保障の経済学を真剣に多くの学者たちが考えていたときに、服部彰は、なぜいくつかの国々は、核兵器を保有したがるのか、その経済的なインセンティブを、需要の面と供給の面から解説した。[15]

まず核兵器を求める側（需要）だが、それは冷戦が終わったことで、米ソにただ乗りすることで地域の安全保障のコストを安くすませてきた同盟国が、自分たちで地域の安全保障のコストを償う必要がでてきた。そのため核を保有する政治的・経済的な価値が増した。また核兵器の供給面をみてみよう。米ソなどで働いていた多くの核兵器開発の技術者や専門家たちが働き場所を求めたことで、人材的な面での調達可能性が90年代に拡大した。また核兵器の製造にかかわる資材などが、やはり冷戦終焉を受けて在庫などがだぶつき、価格低下を起こしていたことも核兵器開発を容易にした。この核兵器開発コスト低下の一つの「成果」が、北朝鮮の核開発であった。

このような核兵器市場をもとにして、仮に日本が核保有を決断するケースを、服部は試行した。まず政治的難関として、NPT（核不拡散条約）にどう対処するかである。核兵器を保有することは同条約に違反することであり、国際社会の非難は免れることはできない。正面から脱退していったのは、いまのところ北朝鮮だけである。NPTを離脱した北朝鮮への国際的な制裁をみれば、日本がこの北朝鮮路線を採用することは非効率的である。

服部の論説では核武装の二つの方策を考察している。どれもかなり戦略的な選択肢だ。

「核兵器の開発に関しては、2つのやり方を区別しなければならない。1つは米国型であり、秘密に開発し、実験して、保有を宣言する方法である。もう1つはイスラエル型であり、秘密に開発し、実験は行わないで、あとは不透明な状況を維持する方法である。つまり、世間の目が厳しいときには後者の方法で戦略的補完関係に対処できる」

米国型は北朝鮮スタイルでもある。イスラエル型での核武装を日本がしたとしても、やはり国際的な批判や制裁の可能性を免れることはできないだろう。そもそもNPT体制に日本が核を保有しないことで加入しているメリットが、核武装論では考慮されていない。つまり米国の「核の傘」を含む抑止力の存在である。

北朝鮮が核実験や弾道ミサイルの発射を繰り返す状況の中で、オバマ政権もトランプ政権もともに日本への防衛義務と「核の傘」の抑止力を声明していた。この方針はバイデン政権も踏襲することは間違いない。「核の傘」は日本が独自に核武装していないからこそ成立しているのだ。

また中国やロシアを含めて、ＮＰＴ体制に入っている核保有国は、核兵器の所有を放棄した加盟国に対して核攻撃を行わないことを宣言している。また仮に日本が核攻撃を受けた場合は、米国など核保有国は積極的な援助を核非保有国に与えるとも決めている。[16] つまり日本が核武装することはこれらのメリットをすべて放棄することになり、あまりにも非合理的だろう。むしろ米国の「核の傘」という抑止力を活用した方が効率的でもある。

あと忘れてならないのは、このような政治的なコストだけではもちろんない。通常兵器よりも核兵器は確かにコスト効率がいい。物騒だが、一発あたりの兵器としての効果の対費用効果は割安なのだ。そのため防衛費の不足を一気に解消する手段としてまま指摘されている。だが製造するための初期投資、関連する維持経費（防空システムなどのメンテナンス、開発など）、処分などを勘案すると非常に高価な事業となり、一国の防衛予算のかなりの部分を奪い取るだろう。

抑止力をもたせようとすると、さらに大規模な投資が必要だ。これを払うだけの意味が、政治的・経済的にあるだろうか？　武田康裕と武藤功は、日本が核武装をする際の試算で初期投資が数年がかりで約3兆円、運用コストが年々3000億円以上としている。[17]これは核実験などのコストは除外してのものである。

「日本弱体化条項」こそ改正を

以上に加えて、国際的な政治コストやまた周辺国の核武装競争を誘発するなど、デメリットや不確定要素が核武装には多く、現実的な選択肢にはなりえない。むしろNPT条約内での「核の傘」を活用した提案が最近、行われている。なかでも髙橋洋一は、核シェアリングを提案している。[18]核兵器を保有する米国が、日本に核兵器を公式に持ち込んで、共同で運用するシステムである。現在のNATOでもドイツ、イタリア、トルコなどの基地に戦術核兵器が持ち込まれている。

核シェアリングにはいくつかの問題点（使用の決定権は米国にある、日本領土内での核兵器使用に限定されるなど）が指摘されているが、「核の傘」の抑止力を活用する上では参考になる提案だろう。

さらに、防衛をめぐる不毛な憲法論争を終了させることも、防衛力を潜在的に底上げする試みともいえる。安倍政権では、憲法９条に第３項を追加して自衛隊の存在を明記することが提示されていた。

しかし、自民党の改正草案には、財政規律の明示化など、筆者のような経済学者からして無視することが到底できない「緊縮主義」条項が入っていたことは見逃せない。このような財政規律を憲法で明記してしまうと、防衛費や十分なインフラ整備や防災、教育支出さえも、大きな経済的制約に直面するだろう。いわば「日本弱体化条項」である。まさに第１章や第２章で解説したＧＨＱの発想と同じである。日本が満足な防衛力を維持できないように、予算の面からその力を削いでいくのである。このような緊縮主義を憲法に導入する日本弱体化の試みは、財務省とその影響を受けている政治家たちによって進められている。

仮にこの流れが顕在化するのならば、憲法改正を政治の最優先課題にするには得策ではない。せっかく自衛隊に本来の地位を与え、また日本が自国を防衛するという当たり前の「権利」を得たとしても、実際の防衛力を満たす予算が確保できなければ意味がないからだ。

もちろん、国民が広く憲法改正を議論する意義がある。当たり前だが、憲法改正が言論のタブーであっていいわけはない。しかし、それが長い間認められなかったのが日本のマスメディアの実態だった。日本国憲法をいまの中国の脅威などに備えた、最適な内容に改めることは、日本国民の厚生を増すことは疑いえない。

注

【1】江藤淳『一九四六年憲法——その拘束』文芸春秋、有馬哲夫（2020）『日本人はなぜ自虐的になったのか』（新潮新書）を参照。

【2】https://www.cas.go.jp/jp/gaiyou/jimu/anzenhoshouhousei.html

【3】社説「日本の安保法案は正当だ」http://www.nikkei.com/article/DGXMZO89981250R30C15A7000000/

【4】倉山満（2014）『帝国憲法の真実』（扶桑社新書）は、佐々木惣一の憲法論について有益な情報が多い。なお第3章は、飯田泰之・田中秀臣・麻木久仁子『「30万人都市」が日本を救う！』藤原書店の補論をベースに刷新したものである。

【5】佐々木惣一（1918）『立憲非立憲』弘文堂書房。

【6】佐々木惣一（1952）『改訂 日本国憲法論』有斐閣。

【7】佐々木惣一（1990）『憲法論文選（三）』有斐閣。

【8】同上。

【9】経済学者の平山朝治は、安保法制に具体化している集団的自衛権の限定的な容認は、中国の急速

な台頭に、日本が独自の自衛力を許可するか、日米協力をした方がいいのか、それを経済効率性（より少ないコストで最大の成果）を基準にして、憲法を解釈したものだとしている。そしてこの経済効率性を基準にして、いままでも日本国憲法は解釈変更をされてきており、政府解釈のスタンスが今回特に変わったわけでもない、と喝破している（平山朝治〈2015〉『憲法70年の真実』中央経済社）。

【10】百地章、浅野善治、長尾一紘（2015）座談会「なぜか疎外されている「集団的自衛権は合憲」の憲法学者座談会～違憲学者は根拠を示せない！」『週刊新潮』2015年7月30日号。

【11】浜田宏一（1996）「冷戦後の防衛構造――戦略的代替から戦略的補完へ」服部彰編『来世紀への軍縮と安全保障のプログラム――ECAAR第3回シンポジウム議事録』多賀出版。

【12】「ところが最近の問題というのは、悪の帝国がなくなってしまったわけです。そうしますと、日本と韓国と台湾と中国とマレーシア間の問題というのは、共同の敵に備えていかに相手国に軍事費を使わせるかというただ乗りの議論ではなくて、もしかして隣の国が侵略してきたときどう守るかという問題となります。そういう意味では戦略関係が冷戦中の公共財の議論とは違ってきます。冷戦中は相手が使うときは自分はさぼっていいという公共財の議論だったのですけれども、そうではなくて、相手が支出したらそれを守るために一層支出しなくてはいけないということになります。そういう形での軍拡競争というのができる余地があります。それはゲーム理論で、初めの冷戦中のケースを戦略的代替関係、後のケースを戦略的補完関係といいます」浜田宏一（1996）「日本の平和憲法の経済的帰結」服部彰編、同上。

【13】武田康裕（2019）『日米同盟のコスト』亜紀書房。

【14】西部邁（2007）『核武装論』講談社現代新書。

【15】服部彰（1996）「核兵器開発の経済的帰結」服部彰編、同上。

【16】武田（2019）には「核の傘」の詳細が解説されている。

【17】武田康裕・武藤功（2012）『コストを試算！ 日米同盟解体』毎日新聞社。

【18】髙橋洋一（2020）『日本はこれからどうするべきか？』かや書房参照。

第4章

占領史観にただ乗りする中国と韓国

米国の影、中国の影

下村治は、日本の独自性と真の独立を願った気骨あるエコノミストでもあった。彼の最晩年の著作『日本は悪くない　悪いのはアメリカだ』（1987）では、連合国軍総司令部（GHQ）の日本弱体化を目指した占領政策によって「日本人として主体的にモノを考えることができなくなった」と指摘している。[1]

下村は特に「経済問題に限っていえば、国民経済として経済をとらえる視点がない」と断じ、当時過熱していた日米貿易摩擦問題を例示して、日本は米国に防衛問題で守られているために「防衛は防衛、経済は経済だ」ときちんと割り切って発言できず、ずるずると交渉で言い負けてしまう、と鋭く指摘していた。

簡単に言うと、下村が指摘したのは、戦後日本に定着した曖昧《あいまい》で、日和見主義で、強い権威に安易にすがってしまう心性であった。そして、この心性はGHQの占領政策の影響であり、占領が終わった後も日本人が自らその「弱体化」を引きずってきたとみなしていた。

いまも日本は、「米国の影」を意識的にも無意識的にも引きずっている。最近では、非民主的で、政治的な自由を否定する中国の影響力が増しており、その軍事的圧力や経済的影響力に、かなり多くの日本人が「弱体化」を自ら選択している。「米国の影」にさらに「中国の影」が重なり、日本人の思考に生じる歪みの濃度が増している。

現代の下村ともいうべきジャーナリストの田村秀男は、この「中国の影」について批判的に検証している。[2]

例えば、新型コロナウイルス危機で中国中心の世界的なサプライチェーン（供給網）が破綻し、各国ともに脱中国を見据えてサプライチェーンの再構築をしている点だ。日本政府も2020年度第1次補正予算では、生産拠点を国内などに移転する民間企業を支援するとして総額2435億円を盛り込んだ。だが、肝心の日本の経営者らはどうだろうか？

他の国が中国への投資を手控え、投資の回収を増加させているのに対し、日本の経営者らは逆に対中投資を増やし、投資の回収をせずにそのまま再投資を繰り返している。その傾向はコロナ後も堅調である。

中国共産党の宣伝工作に利するサイトなどをみると、日本の経営者たちはコロナ禍以降も経営戦略の基本方針を変えず、今後も投資を増やすだろうと述べている。完全に「従属化意識」を見透かされ、プロパガンダに利用されているのだ。この「従属化意識」は、GHQの占領政策によって日本に定着した感性だともいえるかもしれない。

反民主的・反人権的な動きに「レッドカード」を

日本の製造業が最先端の技術を利用した生産拠点を中国で展開することは、中国のお得意の「パクリ経済」にいたずらに寄与することになるだろう。トランプ政権の対中経済制裁は、この「パクリ経済」を経済と安全保障の両面から、自国民だけではなく海外にも分かりやすく伝えた効果があった。

重要なので、田村の主張を引用しておく。

「習近平政権はＥＶやＡＩ、５Ｇなどの将来性のある分野の普及に向け、外資の投資を催促しています。いずれも軍事に転用されうる最先端技術をともなう分野です。加えてＡＩは、共産党政権が弾圧してきたウイグル人やチベット人などの少数民族への監視体制を強化するための主力技術にもなります。

日本企業が中国にビジネスチャンスを求めて、最新鋭技術を携えて対中投資をするのは、軍拡や人権侵害をともなう中国の全体主義路線を助長することにもつながります」

田村のこの主張に全面的に賛同する。中国との取引が、場合によれば反人権・軍拡への寄与という、まともな企業では採用することのない異常な路線への加担になることを日本の経営者はもっと自覚すべきだ。

日本政府もまた、反民主的・反人権的な動きに、現状で加担している日本企業などを公表し、警告を与えるのはどうだろうか。そのような企業には「レッドカード」を突きつけるべきだ。コロナ危機ほどの出来事でも脱対中依存が日本の経営者に芽生えないのであれば、日本政府は補助金での脱中国の拡充とともに、日本企業のコンプライアンスの見直しをレッドカード的な手法で強制していくことが望ましい。日本政府がレッドカード的戦略を採用すると、中国側も同様の対応をしてくるだろう。そのために事前の準備も必要だ。

まずは環太平洋戦略的経済連携協定（ＴＰＰ）参加に最近、急速に色気をみせている中国を強く牽制《けんせい》しておく必要がある。ＴＰＰ参加には原則、すべての国の承認が必要だ。日本側は、ＴＰＰが「自由、民主主義、基本的人権、法の支配といった普遍的価値を共有する国々」（安倍晋三前首相のＴＰＰ交渉参加時の演説）との自由貿易圏であることを基本理念としている。反人権・反自由主義国家に出番はないのは自明のことだ。

日本はアジア諸国、米国、インド、オーストラリア、ニュージーランド、英国などの諸国と、経済と安全保障の分野で強固な協力関係を築き、あるいは同盟関係を結んで「中国の影」と対峙《たいじ》する必要がある。ここには米国が加わるが、それは下村が批判した「米国の影」を引きずるものであってはならない。自主的な経済と安全保障政策の構築が必要だ。米国はそのための手段でしかない。

積極的なポリシーミックスの採用

日本にとって、さらに必要なのは経済力の底上げだ。この点について、下村は「米国の影」すなわちＧＨＱの影を脱することを最上位の目的としていた。「忘れてはならない基本的な問題は、日本の一億二千万人の生活をどうするのか、よりよい就業の機会を与えるにはどうすべきか、という点」を重視すべきだと下村は説いていた。この見解は、今日の「中国の影」に対してもまったく同様である。

この点でも田村は下村と同じで、積極的なポリシーミックス（財政政策と金融政策の組み合わせ）の採用によって、政府は国債を発行して積極的な財政政策を行い、日本銀行は金融緩和政策を行うべきだとしている。田村のケインズ経済学的なポリシーミックス論は、日本の現状では正しい政策の在り方の一つだ。

田村は、「ありえない日本の財政破綻のリスクよりも、現実として起きている中国の膨張によるリスクのほうがよっぽど『次世代にツケを回してはいけない』大問題」だと断言している。この主張にも全面的に賛同する。そのためには日本経済を再起動させていかなくてはならない。

だが、日本の財政当局は緊縮スタンスを取ることで、中国の覇権主義に間接的に寄与している。最近でも話題になった報道では「財務当局は『悔しさもいくつかあるが、めいっぱい闘った。給付金はほぼ排除できたし、雇用調整助成金も持続化給付金もＧｏＴｏキャンペーンも、春にやったバラマキはすべて出口を描けた』と胸を張った」という、どうしようもないみみっちい官僚目線が報道などで伝えられている。

コロナ対策の補正予算などには多くのメディアが財政規律の観点で「過大」だと声をそろえる。日本経済の国内総生産（ＧＤＰ）ギャップの拡大規模からいって、政府の「真水」の規模は不足こそあれ、「過大」などとは国民経済の目線では決して言うことができないはずだ。もちろん田村が指摘するように、財務官僚ばかり批判しても始まらないかもしれない。政治の意志の強さがやはり求められる。そのためには国民の支援も必要だ。

しかし、マスコミの世論誘導の成果なのか、今の世論では新型コロナ感染症抑制と経済活動の再開が二者択一で、どちらかを選ばないといけないかのような見方がされている。ここでも田村の警告が役立つ。「コロナを正しく恐れて、そして経済再生に力を入れよ」というのが、彼の最近の主張の核である。この言葉をわれわれは正しく理解しなくてはいけない。そして経済再生こそが、膨張する中国の脅威に立ち向かう必要条件でもある。

米中貿易戦争の経済学

「中国の影」とまた「米国の影」の経済的な脅威を思い知らされたのは、米中貿易戦争であった。まず、米中貿易戦争は単なる経済抗争ではない。従来のように、米国が中国に対して、対米貿易赤字を解消するように求めているだけではない。中国通信機器大手の華為技術（ファーウェイ）やZTEに対する米国の制裁をみても分かるように、それは国家の軍事的・政治的な安全保障にかかわるものである。

国際的なメディアである『ウォール・ストリート・ジャーナル』（WSJ）の最近の論説などでも指摘されているが、トランプ前政権は自由貿易圏自体を否定していたとはいえない。むしろ民主主義的価値観を共有し、さらに安全保障上の利害を同じくする諸国（日本や欧州）とは協調的に貿易交渉を進める一方で、中国とは敵対的な政治・経済圏を構築しようという意欲が窺えた。ただしいずれにせよ、個別交渉を優先していたのは間違いない。そこに対中国でも同盟国との連携プレーを模索するバイデン政権との違いもある。

ただし米中貿易戦争の枠組みで、米国中心の経済圏と中国中心の経済圏が完全に分かれて、対立しているわけでもない。例えば、日本や欧州が完全に米国中心の経済圏に属しているともいえない。米ソ冷戦時のように社会主義経済圏と資本主義経済圏が一定のレベルで対立し、互いの経済的交流を閉じているわけではない。実際に、米国と中国の貿易取引でさえも新型コロナ危機の前は、拡大基調にあった。

ただし、イェール大の浜田宏一名誉教授が最近の論説「Who Benefits from Trump's Trade War?（トランプの貿易戦争で利益を得るのは誰か？）」で指摘したように、米国と中国の現在の関係を一種の「関税同盟」の枠組みで捉えた方が分かりやすいのも事実である。[3]ここでいう関税同盟とは、同盟に入っている国々だけに特定の関税ルールを課するものである。

ちなみに関税というのは、自国に輸入されてくるさまざまな貿易財に税金を課するものである。税金を課することで、国内で似たような財（農産物や牛肉、車など）をつくる業者を保護する効果があるが、反面で割高の輸入財をその国の国民は買わなければいけなくなる。

通常は、保護のメリットよりもはるかに消費のデメリットの方が大きく、関税は一国の厚生（経済的な幸せ）を低下させてしまう。

日本や欧州も漁夫の利を失う

関税同盟では、関税の引き下げ措置を共通のルールとして、それぞれの国々が設定する。つまり、関税同盟内では、同盟に属していない国々に比べて、貿易上の恩恵を受ける。この関税同盟に属することの利益を「貿易創出効果」という。

他方で、いいことばかりでもない。関税同盟に入っていない国との貿易は、関税の存在が障害になり、それによって貿易利益を失うことになる。この効果を「貿易転換効果」という。カナダを代表した経済学者であり、経済思想史の研究でも著名なジェイコブ・ヴァイナーが提起した考え方である。TPPのような自律性の大きな経済圏の貿易効果を総合的に考えるときには、この貿易創出効果と貿易転換効果の二つを合わせて考えなくてはいけない。

浜田の分析は、トランプ政権の対中貿易戦争を一つの関税同盟、つまり、先のWSJ論説と同様に排他的側面の強い二大経済圏の創出とみなしている。浜田は、米中貿易戦争自体が、今後それが本格化するほどに両国の貿易にマイナスの影響をもたらすことは疑いない、と指摘している。典型的な貿易転換効果が生じるわけである。

最新の貿易統計をみる限り、米中には貿易転換効果が次第に顕在化している。2018年下期以降、米中貿易は大きく停滞し始めている。これに加えて、新型コロナ危機によって米中の貿易は大きく減少し、急速に回復しているもののコロナ以前の水準には戻っていない。

浜田の論説ではむしろ、日本や欧州、韓国など米中貿易戦争の「部外者」が、プラスの貿易転換効果を得ている可能性を指摘している。このプラスの貿易転換効果とは、米中の関税引き上げによって、「関税同盟」の当事者とはいえない日本や韓国、欧州諸国が対中貿易で利益を得ることを意味する。

浜田は、2017年4月から2018年3月にかけて、日本の対中輸出が18・3％も拡大したと指摘した。いわば日本は米中貿易戦争で漁夫の利を得た形となる。これは米国中心の「関税同盟」に入っていないために生じた利益だ。

だが、冒頭で指摘したように、今回の米中貿易戦争は単なる経済的抗争ではない。むしろ、メインテーマは民主主義的価値観や安全保障である。そのため「中国包囲網」でも明らかなように、米中貿易戦争が長期化すれば、日本や欧州も米国の「関税同盟」に加わることで、この漁夫の利（プラスの貿易転換効果）を失うであろう。そもそも日本が中国のサプライチェーンに過度に依存するのは、日本の経済だけでなく、安全保障上でも問題であることは先に指摘した通りだ。

また韓国の動向にも注意が必要だ。北朝鮮に融和的な姿勢を文在寅政権が一貫して採用している。北朝鮮に対する経済制裁の解除や経済交流の拡大に積極的なのは明らかだ。北朝鮮はおよそ民主主義的価値観に遠い。北朝鮮は経済や安全保障、そして政治的価値観において中国政府に極めて近い。つまり、北朝鮮は中国中心の「関税同盟」のメンバーといえる。この状況下で、日韓が防衛の面で十分な協調が取れないことは、米国中心の「関税同盟」の中で、韓国の地位を不安定化させるだろう。

日本独自の「関税同盟」の構築へ

日本が「中国の影」にも「米国の影」にも対峙できるためには貿易戦略としてはどう考えていくべきか。日本独自の「関税同盟」の構築がキーになる。先頃、東アジア地域包括的経済連携（RCEP）に、日本をはじめとする15カ国が署名した。世界経済の3割を占める巨大経済圏の誕生であった。ただしこれを日本独自の「関税同盟」とみているわけではない。過大な期待は禁物である。

すでに日本が主導的な役割を担っているＴＰＰに比べると、関税の撤廃については参加各国の既得権の保護が断然に優遇されていて、10～20年以上の長期にわたっての段階的な引き下げである。だが、中国は、アジア圏での多国間にまたがる「自由貿易」交渉をまとめ上げたと成果を強調している。それには冷めた対応が必要だと私は思う。

自由貿易交渉の成功の目安とされる関税撤廃率90％をクリアしているものの、先進国と新興国と発展途上国が混在するＲＣＥＰが実効力を本当に持つことができるのかどうか、各国の取り組みがバラバラになる懸念の方が大きい。いまが売れ時ともいえる電気自動車の部品や蓄電池などでは中国の抵抗が強く、事実上、関税撤廃の効果はない。

また、中国の政治的統治の核心に触れるようなデータ・情報の自由化に向けてのルール作りや、国営企業の優遇についても障壁は高いままである。相変わらず自国の裁量の余地を最大限残し、国際的なルールの構築にはまったく不向きな「大国」であることを中国は示しているともいえる。

日本の保守層の中にはＲＣＥＰの署名に批判的な人たちがいるが、単に中韓が入る枠組みを感情的に嫌っているようにしか思えない。どこまで実効性があるのか疑問が多いのは確かだが、それでも日本がＲＣＥＰに入ることはアジア圏での経済上のルール作りを主導する上で重要だ。その意味では、日本主導の「関税同盟」に準じた枠組みで、中韓を経済面で牽制する作用が期待できる。

米国とインド、イギリスが加入するかどうか

菅義偉首相がRCEPの署名に際して、インド太平洋構想に言及するときに使う「自由で開かれた」という文言をつけなかったことも話題になっている。菅首相はRCEPを「自由で公正な経済圏」と表現したのである。

ただ、もともと「自由で開かれたインド太平洋構想」は、対中国の安全保障・経済戦略の言い換えである。今回のように、中国というどんなに譲っても「開放的」とはいえない国、それも日本にとって安全保障上、大きなリスクがある国を含む経済連携協定に「開放性」の修辞を入れるのは無理だ。また「自由」はいいとして、「公正」という言葉を加えたことは、発展途上国を含む東南アジア諸国連合（ASEAN）諸国への配慮と思われる。

今後の日本が主導する「関税同盟」の焦点は、TPPに米国とインド、そしてイギリスなどが加入するかどうかである。経済評論家の上念司が指摘しているように、経済でも安全保障でも、日本だけでやることは愚策だ。[4] 多国間にまたがる協調、そして同盟の構築が重要で

ある。特に民主主義の成熟度が近い国々と経済的な相互依存度をますます高めるためにも、米国とイギリスがＴＰＰに参加するように積極的に交渉していくことが重要だろう。

現在のバイデン政権は不確実性を抱える。その一つが、不透明な対アジア戦略だ。要するに、中国にどう向き合うのかという問題である。

トランプ政権は日本、米国、オーストラリア、インドの４カ国を軸にした「インド太平洋構想」を採用していた。アジア圏には、欧米のＮＡＴＯのような、多国間の集団安全保障体制は構築されていない。それに代わるものとして、中国の覇権に抗することを狙いとしている構想である。

もちろん、この「インド太平洋構想」は、中国の「一帯一路」構想に政治経済面で対抗する意味もある。経済面では、米国を除く11カ国によるＴＰＰ11がその要だ。トランプ政権で米国はＴＰＰから離脱した。ＴＰＰを主導したオバマ政権同様に、バイデン政権が復帰するのかどうか、またどの段階で復帰するかが重要になる。

日本はＴＰＰ11を主導した経験を活用し、さらにこの自由貿易圏にイギリス、インドを加盟させるべく努力しなければならない。米国の論者には、米国がＴＰＰに復帰しないまま、中国が現状の加盟条件が緩いことを狙ってＴＰＰに入ることを警戒する意見もある。実際に、中国の李克強首相は、ＴＰＰへの参加意思を記者会見で問われ、その可能性を否定しなかった。

「独裁制」のリスク

中国は自国への資本投資の自由化を行っていない。そのため財、サービスの貿易自由化だけではなく、また投資の自由化を目的とするＴＰＰには乗れないのではないか、という見方が一般的だった。

しかし、李首相の発言は、米国がいないすきを狙ってＴＰＰになんとか加入し、この経済圏でも政治的影響力を強めたい考えがあるのかもしれない。バイデン大統領は中国に対するデカップリング（切り離し）を見直すのか、それとも促進するのか。そこに、米国のＴＰＰ再加入、そしてＴＰＰを重要な経済面の核として持つ「インド太平洋構想」の成否がかかっている。

日本の保守層は、バイデン政権が中国に融和的な態度を採用するのではないか、と警戒感を強めている。それはバイデンが副大統領を務めたオバマ政権が、中国に対してとった弱腰の態度に起因する。だが、米国内の専門家たちの多くは、オバマ政権と現在では米国の世論、そして議会の中国に対する態度が、まるで違う厳しいものになったとしている。

カート・M・キャンベル元米国務次官補とミラ・ラップ＝フーパー外交問題評議会シニアフェローは、米外交問題評議会が発行する『フォーリン・アフェアーズ・リポート』（2020年8月号）の論説「外交的自制をかなぐり捨てた中国──覇権の時を待つ北京」の中で、米国内の意見の変化は、中国の外交姿勢が露骨なほどの対外覇権に転じたことにあると指摘した。

例えば、中国がオーストラリア産大麦に追加関税をかけるなどの措置をとったことは、オーストラリアが新型コロナウイルスの発生源の調査を中国に要求したことに対する「貿易制裁」ではないかと指摘されている。さらに、中国の関与が疑われるオーストラリアへのサイバー攻撃や、度重なる威圧的警告を北京は発している。

キャンベルとフーパーの論説では、この中国の外交的頑迷さ、対外リスク回避の放棄ともいえる姿勢は、中国の指導体制が習近平国家主席に集中している結果だとしている。つまり、中国の集団指導体制から「習強権体制」への移行である。

中国の「独裁制」のリスクを世界に明らかにしたのは、トランプ政権の「遺産」でもあるだろう。この点は、フランスの人口社会学者のエマニュエル・トッド教授が「歴史的な転換点だ」と適確に指摘している。

一方で、日本のマスコミの多く、特に『朝日新聞』的な報道やワイドショーなどでは、トランプ前政権が人権を軽視し、経済を重視するというイメージを流布しようと必死だった。

しかし、トランプ前大統領の最大の功績に、武力や経済力で他国を脅し、香港やウイグル自治区などで人権弾圧を繰り返す中国のやり口に、国際社会が関心を持つ機会を作ったことが挙げられる。これは最大の「人権」的貢献だろう。

リベラルの薄っぺらい二元論

だが、日本ではワイドショー的な「経済のトランプvs人権のバイデン」のような、安易で薄っぺらい二元論で考える人も多い。まさにテレビの見過ぎの、思考停止タイプでしかない。

『朝日新聞』は米大統領選の記事で、トランプ前大統領とバイデン大統領を比較して、バイデン大統領を「命を重んじる」と評価していた。これほど愚かしいレッテル貼りはない。日本のワイドショーなどで「経済のトランプvs人権のバイデン」という安直な図式を採用しているのも、この『朝日新聞』的な二元論と同根だろう。

その根深いところには、日本型リベラルや左翼に共通する「経済問題は人権問題ではない」という偏見がある。だが、トランプ前大統領が政策の根幹に据えた雇用確保は、まさに人の生活面、そして社会的地位の安定などを通じて、人の命と権利を保障するものだった。おそらく、バイデン大統領もこのことに異論を唱えないだろう。

日本のワイドショーや『朝日新聞』的なるものに感化された人たちを中心に、経済と人権は対立関係にあるという妄信がはびこっている。そして、経済よりも人権を重視することこそ素晴らしいと褒めたたえ、経済問題の軽視を誘発しているのだろう。経済の見方もそうだが、人権意識の見方についてもお粗末だとしか言えない。

ウイグル族弾圧と歪んだ優生思想

なぜ日本のリベラルには人権意識が乏しいのだろうか。この点を考える契機になるのが、中国のウイグル族弾圧問題である。

中国新疆《しんきょう》ウイグル自治区の少数民族ウイグル族に対する、中国政府の「ジェノサイド」（民族大量虐殺）が国際的な批判を集めている。強制的な不妊手術、収容施設での洗脳や強制労働、強引な同化政策など、まさにジェノサイドと言っていい所業が伝えられているからだ。

だが、中国政府は国際社会からの批判をまったく受け付けない。不妊手術の件数や出生率の激減などは、中国政府の公的資料から明らかにされたが、それを隠蔽《いんぺい》する気配すらない。要するに「確信犯」的なのだ。

しかし、どうしてここまで「確信犯」になれるのか、という疑問が生じる。その答えの一つは、中国政府と地方政府が「人口消滅政策」とも言うべき今までの政策と無矛盾だと思っているからだろう。つまり、われわれにとっての悪夢が、中国政府にとっては「合理的」なのである。

ウイグル族へのジェノサイドは、16年に撤廃された「一人っ子政策」という人口政策の量的なコントロールと、それと同時に行われている歪んだ優生主義的な思想から考えると分かりやすいのではないか。

ここで、優生主義とは「遺伝と環境の改善によってもたらされるよりよい『生』によって成り立つよりよい『社会』の希求」と定義しておこう。[5] 優生主義では、人の「生」が優良なものから劣るものまで順位をつけられる可能性があるという、悪しき社会的排除と強く結びついている。優生主義ないし優生思想の流れは、各国の多様な社会・経済思想や、制度と関連して複雑なものがある。[6]

日本でも優生保護法が96年に改正され、その法律から「優生」の文字が削られるまで長く存続した考えであり、不妊手術を強制できる規定もあった。今日でも旧優生保護法の被害をめぐって裁判が続いている。最近の遺伝子工学の進歩もからんで、決して過去の問題とはいえない。だが、中国では日本や欧米とはまったく異なる次元で、この優生思想的な発想が根強い。

「消えた女性」問題というものがある。中国では女子よりも男子のほうがはるかに多く生まれ、育てられている。これは女子よりも男子を好む優生思想から生まれている。人工中絶や育児放棄、病気にかかっても積極的に治療しないなどで、小さな女子の生命が失われてしまったという指摘である。なお、中国だけでなく、インド、中東、アフリカのいくつかの国や地域でも同様の問題が生じている。[7]

だが、中国では80年代からの一人っ子政策の採用、もともとの男子選好、さらには90年代から普及する男女の産み分けと中絶手術によって、07年には男児の数が女児の１・２倍に達している。

人権を損ねる一人っ子政策

また、一人っ子政策そのものによる人権侵害も深刻だった。そもそも一人っ子政策は、有限な資源（土地、食料、経済的機会）と爆発的に増加する人口という視点に重きをおいた中国的マルサス主義に基づく。先進国では、子供を持つのも持たないのも、そして何人持つのかというのも、すべて個人の自由である。もちろん、さまざまな社会的・経済的な事情はあるかもしれないが、法的に子供の数が制約されることはない。一人っ子政策は、それ自体が人権を損ねるものだった。

中国研究者のアーサー・クローバーが『チャイナ・エコノミー』で整理しているように、アジア各国では人口抑制政策を採用しなくとも、経済発展につれて中国以上に出生率が低下している。農村から都市に移動することで、典型的な都市部の住人と同じように、子供を増やそうとしなくなるからだ[8]。

クローバーは一人っ子政策の人口抑制効果ははっきりしないと指摘している。他方ではっきりしているのは「一人っ子政策＝計画生育政策による人権侵害」ということだ。この計画生育政策の趣旨は「晩婚、晩産、少生（少なく産む）、優生、稀（出産間隔を空ける）」というものであり、優生思想が前提にされていた。今でも中国では「人口の質」の改善を目指すとされているが、この定義不明な「人口の質」こそ優生思想につながる怪しい概念である。

一人っ子は社会的に優遇され、それ以上の子供を抱えることには社会的なペナルティー（罰金など）が科せられた。特に、地方政府での人権侵害は深刻で、財産没収、職場からの追放、家屋の破壊などがみられたという。

また、出産許可を得ていない女性が妊娠した場合は中絶手術を受けることになっていたし、出産許可を得ても罰金を払うことができなくて、強制的に中絶同意書にサインを書かされ、その後、胎児を絶命させる注射を無理やり受けたというエピソードを紹介する研究論文もある。

「馮氏の妻は救急車で市の病院に連れて行かれ、妊娠検査を強要された。病院に到着後、幹部らは流産と不妊手術をするように命じたが、彼女が拒否した。すると、枕カバーで目隠しをさせられ、両腕も押さえられ、右手にペンを持たされた状態で中絶同意書に署名させられた上に、左手の指で押印させられた。

その後、手術室に運ばれ、麻酔の注射と胎児を絶命させるための注射を打たれた。彼女の話では注射後に胎児の動きが止まり、9月12日の朝3時ごろ、妊娠5カ月の胎児が死体として産まれた。

馮氏夫婦は、言ってみれば十分な罰金が用意できなかったために、第三子を出産できなかったのである」[9]

ウイグル族は、少数民族のために一人っ子政策は緩和的に運用されてきた。都市部では2人まで、農村部では3人までとなっていた。実態はもっと多くの子供を抱えている家族もあるという。それだけに、ウイグル族に関して、ここ数年の不妊手術の激増、中絶件数、子宮内避妊具を装着する女性が激増することは、あまりに不自然である。『西日本新聞』は「2014〜18年に、新疆ウイグル自治区の不妊手術が18倍に増え、計10万人の住民が手術を受けた」と報じている。[10]
驚くべきことだが、中国政府はこのようなジェノサイドで、ウイグル族の「人口の質の向上」を目指しているのかもしれない。過去の一人っ子政策は、まさに産児制限によって人口一人当たりの経済機会を増やしていく試みだった。現在と未来のウイグル族の人口を「減らす」政策で、ウイグル自治区の経済レベルを、見かけだけ上げようとしているのではないか。そうだとしたら本当に恐ろしい優生思想の悪夢である。

過剰人口論の誤り

ウイグル族への中国政府の弾圧が、人口政策と優生思想に強く結ばれていた。人口政策と優生思想が、人々に深刻な被害を及ぼしているのは、中国だけではない。日本でもこの人口政策と優生思想が現在に至るも深刻な影響を与えている。

戦前、日本は人口政策を見誤ることで、過剰人口の解消を狙って海外植民地の獲得を正当化した。また同時に海外への移民や産児制限も奨励していた。いずれも日本の限られた国土や経済的資源で養うことができる人口は限りがある。過剰人口が日本社会の構造的な停滞の背景にあるという経済思想と結びついていた。

過剰人口論は、「大日本主義」として海外への軍事的進出の背景をなしていたことは疑いえない。この点は、戦前から石橋湛山らが過剰人口と結びついた日本停滞論の誤りを積極的に批判していた。石橋は、過剰人口自体には大きな問題はなく、むしろ仕事の不足こそが経済停滞の主因であることを指摘した。石橋は海外に植民地をもつことの経済的なメリットはほとんどなく、むしろ諸外国からの感情的、政治的な反発を招くとした上で、貿易の自由化を積極的に進めることが重要だとした。[11]

この石橋の「小日本主義」の姿勢は、戦前日本の行方には決定的に重要だった。だが当時の日本は誤った過剰人口停滞論を一つの背景にして軍事的な対外進出を強め、それはやがて戦争と敗戦を日本に招いた。

だが、この誤った過剰人口論の話はこれで終わらない。GHQによる占領期、日本の出生率の大幅増加と死亡率の減少を背景にして、ふたたび過剰人口論が息を吹き返した。当時のGHQの人口政策についての姿勢は、表向きでは日本人の「自己責任」に任せるというものだったが、本音は違った。

GHQが占領政策で採用した姿勢は、「民主化」という名目で日本が二度と対外戦争を起こさないことが目的だった。この「対外戦争」の中には、当初は他国からの侵略に対する自国防衛までも含まれている徹底した、そして歪み切った絶対平和主義が採用されていた。

マッカーサー司令官のスタッフには、ニューディーラーが多いと言われている。フランクリン・ルーズベルト大統領が大恐慌時に採用した積極的なマクロ経済政策を支持した人たちのことである。

だが、日本においては経済規模の拡大よりも「経済民主化」という名前の制度変革、統制経済が中心的な手法だった。パイの大きさは一定のまま、その切り分けをいかにGHQ目線で「公平」にするかが課題だった。パイの大きさを拡大してしまうと、日本がまた米国の脅威になるとGHQは信じていたと思われる。

GHQが関わった産児制限

このGHQの当時の日本への視線と、今日、中国政府がウイグル族などに向ける視線が共通していることに注意されたい。「経済民主化」＝日本弱体化政策の中で、過剰人口論と優生思想が活発化していった。[12]その主役はもちろんGHQだったし、特に占領の前半では国内における政策パートナーともいえた左派勢力、左派的知識人たちであった。

GHQ側の動きとしては、1947年に来日した人口論者のW・S・トムソンの貢献が際立っている。トムソンは『世界人口の危険区域』（1929）で、過剰人口によって日本が戦争を引き起こすだろうと予想していた。

トムソンはトルーマン大統領の命を受けて、日本の「過剰人口」問題をフィールドワークし、その結果、トムソン声明を公表した。内容は、日本の過剰人口は、生産性や貿易の拡大では到底賄いきれないもので、産児調節が必要だ、というものだった。パイの大きさを一定にしたままでも、人口が減少していけば、一人当たりの生活水準は見かけは上昇していく。その意味では、日本の再軍備化を抑圧することも可能だった。

柳沢哲哉（埼玉大学教授）は「また、１９４８年に優生保護法が成立しているが、この時期にＧＨＱの意向を無視して立法が行われたとは考えにくい。事実、優生保護法案の提案者の一人である日本医師会元会長谷口《たにぐち》彌三郎《やさぶろう》議員は、ＧＨＱ天然資源局のアッカーマンの発言に言及しながら提案理由を説明しているのである。それゆえ、産児制限論はＧＨＱ内部でも一般的な見解であったということができる」と指摘している。[13]

この48年に可決された優生保護法は、「人口の資質向上」という題目のもと、優生思想が色濃くでている法律として知られる。ここでの優生思想とは、「不良な子孫」をもたらすことを防ぐという理由を主としたものだ。優生目的の不妊手術の範囲もどんどん拡大され、その弊害は法律が廃止された今日まで残っている。[14] また中絶に関する規制も大幅に緩和された。この国内の法整備やその後の優生思想の展開に関して、左派知識人の貢献が特に目立っていた。

特に戦前から産児制限論者として知られ、またＧＨＱと結びつきが強く、当時国会議員でもあった加藤シヅエの役割は重要だった。優生保護法は超党派で提案されたものだったが、その動きの中心は加藤だった。山本起世子（園田学園女子大学教授）は、マーガレット・サンガーの影響を受けた加藤が、戦後の日本で逆淘汰（遺伝子が劣った人たちが増加し、優れた人が減少すること、という優生思想の典型的思考）を問題視することで、優生保護法の優生主義の強化に貢献したと指摘した。

また、当時のＧＨＱは産児制限法についての雑誌記事や図書を積極的に認可し、その啓蒙に貢献したという。[15]つまりＧＨＱは日本の人口政策に関して、表向きは日本人の「自己責任」をいいながらも、実際には優生保護法の成立から産児制限推進など、人口政策と優生思想の流布に深く関わっていた、と鋭く指摘している。日本の人口減少政策は、ＧＨＱの影によって規定されていくことになる。

１９５１年の講和条約後に、石橋湛山は以下のように人口減少政策を「帝国主義」か「自殺主義」であると痛烈に批判している。この発言は彼の回顧録の結末に置かれたもので、いかにこの人口減少政策に対して石橋が危機意識を持っていたかがわかる。

「人口の多少は国土の面積に比較して計るべきではなく、その勤労可能の人口にどれだけ勤労の機会を有効に与えるかをもって論ずべきである。あえて産めよ、ふやせよというのではない。しかし日本の国内に食料増産の希望が少ないから、日本の人口を減らすというのは、帝国主義か、あるいは自殺主義かの思想である。私は乏しいとはいえ、日本の資源を開発することによって、まだまだ多くの勤労の機会を日本国民に供しうると確信する」[16]

このＧＨＱの影は、戦後長く続き今日でも影響を持続している。人口減少が日本経済の停滞をもたらす、とまるで戦前と「過剰」と「減少」の違いがあるだけで類似した人口決定論が力を得ている。

だが、そもそもＧＨＱは日本の過剰人口を懸念していた。この過剰人口を防ぎ、むしろ人口減少を促進し「人口の資質向上」を目指すという優生思想は、１９７０年代まで政策的課題として生きていた。１９７４年の『日本人口の動向――静止人口をめざして』は、当時社会保障の権威だった山田雄三のもとで編纂された「人口白書」である。

「人類の長い生活史のなかでは、さまざまな遺伝子が潜在してきたに相違ない。したがって、優境問題が重視されなければならない。優境とは人口資質が持つ潜在しているエネルギーをダイナミックに実現せしめられるような生活環境をさすものであるが、教育はもちろんのこと、衣、食、住のあり方を始め、さらには職業、技能といった面とのかかわり合いも出てくる」と明記され、優生思想の残響が明瞭である。[17]

「東北アジア共同体」論の重大な間違い

なお、経済学でも人的資本という概念があるが、これは個人の仕事のスキルを向上させる観点から言及されていて、「人口の資質向上」ではない。この74年の「人口白書」では、人口減少をすすめることが提起されていた。人口減少をすすめながら、同時に社会保障の拡充を唱えていたが、もちろんそれがどのように財政上担保されるのかは無反省だった。

特に経済のパイの拡大は、70年代前半の公害などを問題視した反成長ブーム（「くたばれGNP」など）からも否定的なものになっていた。パイの大きさを一定とした上で、どのように配分するのか、あるいは配分する人間を減らすかに関心が行っていた。その意味ではGHQの発想と変わらない。

この「人口の資質」あるいは「人口の質」は、「人口資質が持つ潜在しているエネルギーをダイナミックに実現せしめられるような生活環境」という優生思想的環境で高められる。この観点を強く主張したのが、経済学者の森嶋通夫だった。森嶋は、日本の没落は、人口減少と「人口の質」の低下によって生じているとした。[18]

「このような社会の動きを、人口という土台の動きから導き出す思考は、人口史観と呼んで差し支えないであろう。人口史観で一番重要な役割を演じるのは、経済学ではなく教育学である。そして人口の量的、質的構成が決定されるならば、そのような人口でどのような経済を営みえるかを考えることが出来る。土台の質が悪ければ、経済の効率も悪く、日本が没落するであろうことは言うまでもない。私はこういう方法にのっとって、没落を予言したのである」

この「人口の質」の低下と、人口減少による経済機会の喪失を防ぐために、森嶋が持ち出してきたのが、第2章でも解説した「東北アジア共同体」論であった。東北アジア共同体とは、日本、中国、朝鮮半島、台湾、琉球が、現行の「領土」を分割する形でいくつかにブロック化され、政治的・文化的・軍事的な共同体を構築することである。

この「東北アジア共同体」の障害になるのが、日本の「歴史認識」などのナショナリズム的動向である、と森嶋は指摘した。具体的には、歴史教科書の記述における「右傾化」などの諸現象であるという。このような右傾化は、共同体建設への歴史の歯車に逆らうので正しくない、というのが森嶋の主張のすべてである。

要するに、中国の歴史認識と日本は歩調を合わせて、事実上、中国を中心とした政治・経済圏に飲み込まれるべきだ、ということになる。それが日本人の「人口の質」を高める優生思想につながってもいた。ほとんど民族教化と同じである。

この森嶋の「人口の質」論を、経済学者の小宮隆太郎は「人口の質」など不明瞭であり、またこれでは単に日本が価値観を違える中国に吸収されるだけで日本には利益がない、と手厳しく批判した。[19]

だが、この森嶋の「人口の質」論は、現在の中国におけるウイグル民族ら少数民族への弾圧を目にすると違った意義を帯びてくる。森嶋だけの問題では無論ない。中国も日本もそしてさまざまな知識人たちも人口政策と優生思想によって間違った社会・経済観を持ってしまうという重大な教訓である。教訓を学び、今日、間違った人口政策と歪んだ優生思想に苦しむ人たちを救済するために声を上げなければならない。

虚構の「戦勝国史観」「占領史観」にフリーライド

文在寅政権になってから、慰安婦問題の蒸し返しや、いわゆる「元徴用工」問題といった国内問題に関して、韓国は日本に責任を転嫁する事態が続いている。日本は「謝罪」が足りないというのが、韓国側の姿勢である。日本と韓国は外交レベルで、歴史問題を不可逆的に解決し、未来志向を目指すことを決めても、すぐに韓国側は「謝罪が足りない」と話を蒸し返してきた。これでは外交上の信頼関係が育つことは難しい。過去にもこのちゃぶ台返し的な政治の動きはあったが、特に文在寅政権の日本への姿勢転換は鮮明である。

この韓国との歴史問題を検証してみると、韓国はＧＨＱ史観的なものにただ乗りしているように思える。ＧＨＱ史観では、日本は戦争の「加害者」であり、連合国側は「被害者」という図式である。そして東京裁判は、この加害性について日本が問われたものだ。だがそれはあくまで勝者の論理に基づくものであるのは明白だ。

戦争や植民地支配を行った責任を日本人が反省することは痛切に必要だろう。だが、その責任は日本のみにあると考えるのは、あまりにも公平を欠く。だが、この「戦勝国史観」（有馬哲夫）が、今日の「現代史」を形成してしまっている。[20] 韓国も北朝鮮も１９４８年に建国され、戦前は日本の一部であった。

だが歴史問題の文脈になると、あたかも韓国は「戦争被害者」として「戦争加害者」の日本に対峙する構図が、日本のマスコミや左派・リベラル系の識者の間に根強い。そして文政権は特にこの虚構の「占領史観」にフリーライドして、日本に対しているのだろう。

「しっぺ返し戦略」が望ましい

こう書くと、中途半端な自称「リベラル」系の人たちは、「そういう強硬な意見は、単に愛国主義的な意見の歪みだ」と批判するだろう。全く理に適う思考に欠けていると思う。この種の意見は、見かけの「平和」や「友好」を口にする一種の「偽善者」（政治学者の岩田温の指摘）ではないだろうか。【21】

韓国政府が、外交や安全保障面での「協力」関係を裏切ってきたらどうするべきか。相手側が最初に「裏切り」を選んでくるならば、こちらもそれに対して「裏切り」で応じるのが、長期的には「両者」とも最も得るものが大きくなる。これはゲーム理論でいう「しっぺ返し戦略」（オウム返し戦略）であり、最も協力関係を生み出しやすい戦略である。【22】

相手と同じことをするので、相手側は「裏切り」をやめて、「協力」を表明すれば、こちらもそれに応じて「協力」することになる。間違っても自分の方から「協力」を持ち出すべきではない。そうすれば、再び協力関係が構築できず、日韓の関係は不安定になり、両国が損失を被る。

特に、現在の東アジア情勢のように、一寸先には何が起こるかわからない不安定な状況では、最初から長期的な予想を積み上げていくことは困難である。場に合わせて対応していく手法を磨いていくことが望ましい。完全に将来を合理的に予測するのではなく、その場その場の情報を元に戦略を組み上げていく「限定合理性」を前提にした政治や安全保障の戦略が大切になる。

つまり「しっぺ返し戦略」は、限定合理性の観点からも望ましい戦略なのである。今回は、まず韓国側が歴史問題の蒸し返しなどで「裏切った」のだから、日本側も当然に「裏切り」、つまり非協力姿勢を採用するのが戦略上望ましい。韓国側がこの「裏切り」を謝罪するまで外交的な無視を続けるのが適切である。

バイデン政権誕生を契機として、文政権は日本側に対話を切り出している。しかし日本側が進んで「協力」＝対話を言い出すべきではないのだ。単なる対話の再開は、日本は「しっぺ返し戦略」を採用する能力も意志もない、というメッセージとなる。韓国側は「裏切り」行為を今後も続けていく動機付けができてしまう。もちろん、それは日韓の長期的な協力関係を不安定なままにするだけだ。歴史問題の解決は、自ら問題をこじらせた文政権側にこそあるのだ。

ラムザイヤーの慰安婦論と天下り解釈

米ハーバード大ロースクールのJ・マーク・ラムザイヤーの書いた論文が国際的な波紋を招いている。その論文は、「太平洋戦争における性契約」と題されたもので、学術誌『インターナショナル・レビュー・オブ・ロー・アンド・エコノミクス』誌に掲載予定である。

論文の内容は、慰安婦問題をめぐるもので、慰安婦＝性奴隷説に反論し、「慰安婦」を性的サービスの問題として解釈し、この性的サービスの瑕疵を明らかにすることにあった。ラムザイヤー教授の論文は学術的な性格のものである。論文の要旨は『産経新聞』が適確に要約し、日本国内で話題となった。[23] しかしこの論文に対して、『中央日報』によればハーバード大学の韓国人系学生たちが抗議の声を上げたと報道されている。[24]

ラムザイヤーの業績は、人の経済合理性を基準にして、法、制度、経済政策などを鋭利に分析することで日本でもよく知られている。代表作としては、F・ローゼンブルースとの共著『日本政治の経済学――政権政党の合理的選択』や三輪芳朗との一連の戦後日本の経済、特に産業政策についての通説を打破した共著が著名である。

ラムザイヤーの分析は、人の合理的な選択を前提にして分析することに特徴がある。例えば日本の官僚たちが極めて有能であり、そのリーダーシップで日本の産業は「奇跡的な経済復興」を戦後成し遂げた、とみなす俗説に立ち向かったことでも明らかである。例えば城山三郎の『官僚たちの夏』ではそのような有能な官僚による産業政策の「裏側」が、フィクションとして提供されている。

ラムザイヤーは、この産業政策には民間の企業家たちが、政府や官僚に従属する主体性のないものとして描かれていることに疑問を呈した。企業も政治家も官僚たちも合理的な選択を行うプレイヤーであり、その観点から日本の産業政策を省察することにあった。その結果は、官僚たちの役割はむしろ民間の企業の選択を歪め、非効率的なものにすることにこそ貢献した、という通説の打破につながった。

今回の慰安婦論文に関連して、筆者が思い出すのは、ラムザイヤーの官僚の天下りについての解釈である。以前、拙著『不謹慎な経済学』（2008、講談社）でこの天下り説を紹介したことがある。簡単にいうと、天下りそのものは非効率的なものではなく、より簡明には社会悪ではない、とするものである。与党政治家と官僚のキャリア形成にかかわる一種の「雇用関係」として天下りをみなしている。

与党の政治家は官僚に自分たちの利益に適うような仕事をしてもらう。その見返りとして、官僚たちは現役の時は相対的に低い給料に甘んじながらも、退職後は政府関連機関などで「天下り」の高所得を享受する。官僚たちの過酷な労働にみえるものも、生涯報酬の観点からは辻褄があい、与党政治家も官僚たちもお互いがこの「契約関係」に満足しているというものだ。

しかし、ラムザイヤーらはこれでいいとは思っていないことに注意が必要だ。天下り契約自体は効率的なものであっても、その天下りそのものが社会に負担を強いるか否かは別途解明されなければならない。

「天下り」先の政府関連機関が、国民にとって社会悪といっていいような浪費を繰り返すのであれば、それはもちろん問題だ。「天下り」官僚たちが、特定の人物や集団に利益誘導することで、競争を阻害してしまうことは社会的損失になる。これは先に指摘した、ラムザイヤーの産業政策神話への批判につながることは明らかである。

身体は自由である

今回の慰安婦論文は、まず「慰安婦」をそれ以前から日本、そして当時統治下にあった朝鮮の公娼制度の海外（域外）軍隊バージョンとして位置付けていることに特徴がある。つまり「慰安婦」制度が、日本軍の海外派兵によっていきなり出現したのではなく、それ以前から存在した公娼制度の一類型という認識である。

この解釈は、日本でも話題になった李栄薫《イヨンフン》編著『反日種族主義』（文藝春秋）での主張と同じである。李らが経済史という観点から慰安婦問題を理解し始めたのと同様に、ラムザイヤーもまた経済学的手法でこの問題に光をあてようとしていることは注目すべきことだろう。

ラムザイヤーも李らも慰安婦＝性奴隷説を否定している。本人の意思を無視して、強制的に性的労働を課したわけではない。当時の公娼制度の典型的なパターンであるが、「慰安婦」本人と「慰安所」の経営者との雇用契約、年季奉公契約をもとに働いていた。この雇用契約は、本人や親へ前もって支払われた対価（前借金）の返済のため行われていた。もちろんその契約が完備であったかどうかは問われなければいけない。

李らが主張しているように、当時の韓国の家族内における父親の権威が歪んで強まっていて、それで娘たちの選択の自由が奪われていた可能性がある。また契約の内容をよく知らないために、意図しない形で慰安婦になってしまったケースもあるだろう。特に慰安婦は、日本や朝鮮とは異なる「外地」であり、戦時中では特にリスクの高い環境で働くことになる。

この高いリスクがきちんと慰安婦側に理解されていたかどうかも論点になる。

だが、いずれにせよ慰安婦＝性奴隷説は間違いだ。多くではこの債務を返済するか、契約期間満了のどちらかで、その身体は自由であり、およそ性奴隷的なものではない。また「公娼」の多くは、衣食住やまた給料の水準でも他の業態に従事する女性たちよりも恵まれていた。もちろん今日的な観点からは、このような「公娼」制度が認められていいわけはない。単に当時の歴史的な文脈の中で解説しているにすぎないことをお断りしておく。

『産経新聞』のラムザイヤー論文の要旨を引用すれば、「内務省はすでに売春婦として働いている女性のみ慰安婦として雇うことを募集業者に求め、所轄警察には、女性が自らの意思で応募していることを本人に直接確認するとともに、契約満了後ただちに帰国するよう女性たちに伝えることを指示した」であった。

だが、ラムザイヤーはこの契約が先にも指摘したように完備なものではなかったとする。その理由は、主に慰安婦の雇用者と慰安婦の仲介をした朝鮮での募集業者であった。朝鮮での募集業者が、この雇用契約を不完備なものにしていた。きちんとした契約内容を伝えることなく、募集を行っていた業者も多かったのではないか、それがラムザイヤー論文の指摘である。

このとき日本軍、当時の日本政府の「責任」とはなんだろうか。性奴隷を生み出したことではないことは、ラムザイヤー論文や李らの著作からも明らかであるし、現在の日本政府が否定していることでもある。ラムザイヤー論文は、李らの著作と同様に慰安婦問題を実証的で合理的に検討するための一つの契機にすべきだろう。

注

【1】下村治（2009）『日本は悪くない　悪いのはアメリカだ』文春文庫。

【2】田村秀男（2020）『景気回復こそが国守り　脱中国、消費税減税で日本再興』ワニブックス。

【3】https://www.japantimes.co.jp/opinion/2019/01/08/commentary/world-commentary/benefits-trumps-trade-war/

【4】文化放送「おはよう寺ちゃん　活動中」での発言。

【5】杉田菜穂（2017）『人口論入門』法律文化社。

【6】米本昌平他著（2000）『優生学と人間社会』（講談社現代新書）は、日本を含む各国の優生思想の特徴とその政策への影響と批判的評価で優れている。

【7】「消えた女性」論については、アマルティア・セン（1988）『福祉の経済学』（岩波書店）が古典である。

【８】アーサー・クローバー（２０１８）『チャイナ・エコノミー』白桃書房。

【９】鄭鴎鳴（２０１９）「中国における人口政策とその実践」西南学院大学大学院研究論集（８）。

【10】２０２１年２月４日：https://www.nishinippon.co.jp/item/n/688137/

【11】参照：原田泰・和田みき子（２０２１）『石橋湛山の経済政策思想』日本評論社。

【12】柳澤哲哉（２００１）「日本の人口問題：50年前の人口爆発」『香川大学生涯学習教育研究センター研究報告（６）』、山本起世子（２０１７）「占領下日本における人口・優生政策」園田学園女子大学論文集（51）の二つの論文は、占領期の人口政策と優生思想に関するＧＨＱの関与、また日本側の政治の動きを知る上で有益である。

【13】柳澤前掲論文参照。

【14】米本昌平ら『優生学と人間社会』参照。

【15】山本前掲書参照。

【16】石橋湛山『湛山回想』岩波文庫。

【17】『日本人口の動向——静止人口をめざして』人口問題審議会。以下で全文が読める。http://www.ipss.go.jp/history/shingikai/data/101955.pdf また、この74年の人口白書については、柳澤論文の他に、杉田菜穂（２０１８）「大来佐武郎の人口論——経済発展の最も基礎的な要件は人間の能力である——」『人口学研究』が、戦後の官庁エコノミストや経済学者たちの人口政策についての見解の変遷の中で、この人口白書の優生的側面にも注目している。

【18】森嶋通夫（１９９９）『なぜ日本は没落するか』岩波書店。

【19】森嶋と小宮の東北アジア共同体をめぐる論争については、田中秀臣（２００６）『経済政策を歴史に学ぶ』ソフトバンク新書を参照されたい。

【20】有馬哲夫（２０２０）『日本人はなぜ自虐的になったのか』新潮新書。

【21】岩田温（２０１９）『偽善者の見破り方 リベラル・メディアの「おかしな議論」を斬る』イースト・プレス。

【22】しっぺ返し戦略については、渡辺隆裕（２００８）『ゼミナール ゲーム理論入門』日本経済新聞出版、ロバート・アクセルロッド（１９９８）『つきあい方の科学』ミネルヴァ書房を参照。

【23】https://special.sankei.com/a/politics/article/20210128/0001.html

【24】https://news.livedoor.com/article/detail/19654013/など。

第5章

学術会議、あいちトリエンナーレに映るＧＨＱの影

学術会議問題――政府からコントロールされるのは当たり前

科学者で構成する政府機関、日本学術会議がにわかに注目を集めている。日本学術会議が推薦した会員候補6人について、菅義偉首相が任命を拒否したからだ。

「学問の自由」を危険に陥れると、マスコミ、識者らを中心に批判の声をあげている。野党の一部も国会でこの件を執拗に審議していた。会議は政府の組織であり、その会員は非常勤の特別職の国家公務員である。いわば非常勤の公務員に候補となった6人がなれなかった問題を、あたかも菅首相が独裁者であるかのように、「学問の自由の侵害」と騒いでいるのが実情だ。

日本学術会議は、そもそも政府に対して政策提言を行う組織である。大学や教育機関で議論される「学問の自由」とは異なり、政府のための政策提言作りがその職務になる。個々の会員の研究活動はそれぞれが自由にやればいいだけで、誰もその自由を侵していない。単に当該組織とご縁がなかったということだけである。不況による就職難で、会社から不採用をもらって失業状態が続き、その人が困窮に陥れば、社会的な問題につながる重大な面がある。

しかし、この日本学術会議会員の不採用には、そのような就職難や生活苦に結びつく側面はない。採用されれば多少の報酬は出るが、それを目的にしている人はさすがにいないと思う。

日本学術会議とはそもそも何か。公式サイトに設置根拠となる法律とともに解説されている。

昭和24年（１９４９年）1月、内閣総理大臣の所轄の下、政府から独立して職務を行う「特別の機関」として設立されました。職務は、以下の2つです。

- 科学に関する重要事項を審議し、その実現を図ること。
- 科学に関する研究の連絡を図り、その能率を向上させること。（「日本学術会議とは」）

また日本学術会議は、日本の科学者から選ばれた２１０人の会員と約２０００人の連携会員で職務を行う政府の一組織である。この意味からも、政府からの民主的コントロールが必要になるのは当たり前である。自分たちの組織で勝手な人事をやっていいわけはない。この「常識」が日本学術会議では通用しなかった歴史がある。すでに多くの論者たちが指摘していることだが、日本学術会議は長く特定政党の影響を強く受けていた。特定政党とは日本共産党のことである。しかもその関与に、GHQの占領政策が深く関わっている。つまり今日の日本学術会議問題にもGHQの影がある。このGHQの影に寄り添うように日本の左派勢力の影もまた色濃い。

「学界の民主化」政策の一環

めったに手に入らない書籍だが、『赤い巨塔「学者の国会」日本学術会議の内幕』（1970、時事問題研究所）には、GHQの「学界の民主化」政策の一環として日本学術会議が構築されたことが明らかになっている。もっともGHQの「経済民主化」と同じように、ともかく日本が永久に軍備を保有できない「平和国家」にすることが目的とされていた。この「平和国家」という錦の御旗の内実は、経済政策に関しては緊縮主義と統制化による日本の衰退化であったことはすでにみた。

GHQ経済科学局・科学技術部とその委託を受けた少数の学者からなる非公式グループが主導して、戦前からの帝国学士院、学術研究会議、日本学術振興会の三団体を再編していった。キーポイントは、日本学術会議のメンバーを選挙で選ぶことであった。

そして第一回の選挙の結果、マルクス・レーニン主義の色彩が濃く、体制変革を狙う勢力（日本民主主義科学者協会〈民科〉）が一大勢力を築いた。民科は、当初は広汎な体制変革者たちの集まりだったが、次第に党派性を強めていった。この結果、日本共産党の事実上の影響を強く受けた日本学術会議が、政府への提言よりも反政府の牙城として利用されてきた。占領期であれば、日本学術会議は軍事関連の研究を一切行わないとした。この点はＧＨＱの方針とも符合する。

ジャーナリストの古森義久は、日本国憲法を事実上起草したＧＨＱ側の責任者チャールズ・ケーディス大佐（当時）へのインタビューの際に、日本国憲法は「最大の目的は日本を永久に非武装にしておくことでした」と聞いたことをもとに以下のように書いている。

「日本学術会議はこのＧＨＱの占領下で設置された。ＧＨＱ作成の憲法が施行された2年後の1949（昭和24）年だった。そしてその翌年、軍事関連の科学研究には一切、かかわらないという声明を出したのだ。ケーディス氏が明かしたＧＨＱの当時の非武装の意向とぴたりと合致している」[1]

日本学術会議をどのように左翼的な組織に変えていったのか、簡単に説明しよう。平均的な学者たちは、その時間のすべてを日本学術会議の活動にささげることはできない。多くの学者は、それこそ政策提言よりも研究活動の方を優先するからだ。これを「日本学術会議の活動の機会費用が高い」と経済学的には言い換えることができる。

それに対して共産党やその影響下にある組織に属している会員は、研究よりも日本学術会議にすべての時間をささげることが可能だった。つまり時間の機会費用が低い。研究優先の人からすれば、暇人か物好きにみえるかもしれない。

分業の利益が働いたことにより、日本学術会議は、研究よりも同会議を政治的に利用しようとする、ごく一部の会員のコントロール下に置かれてしまう。これは一般社会でもよくあることで、会社や組織に本当に貢献する人材よりも、上司にすり寄ったり、社内だけの内向きな人間関係しか頭にない人ほど出世したりするのに似ている。

特定の政党にコントロールされている

もちろん、日本学術会議に全霊を尽くして貢献すること自体が悪いわけではない。政策提言も、中身の正しさの議論を脇に置けば、ほとんどが高度な専門的業務であり、特殊な知識や経験が必要だ。問題なのは、日本学術会議の活動や政策提言が特定の政党にコントロールされてしまい、しかも、そのことについて民主的な統制が働かなかったからだ。[2]

政府の組織でありながら、反政府の政治的活動の拠点にされていることは、戦後まもなくから問題視されていた。しかし実際には、1970年代まで共産党の強い支配は続く。

ようやく1980年代になり、中曽根内閣の時代から改革が始まった。だがそれでも学術会議側の抵抗は続き、政府の組織でありながら「学問の自由」などを盾にして不可侵性を打破することは難しかった。21世紀に入ってからの日本学術会議の民営化議論、そして会員の推薦方法などを改めた2004年の日本学術会議法改正などを経て、次第に特定政党の影響力を排除する動きが続いた。今回の人事でも特定の政治的な勢力の影響が問題であり、その是正こそが問われているという指摘がある。

もともと日本学術会議は、政府への政策提言を行うという政治的な色合いを与えられたものでもある。野口旭（専修大学教授）は以下のように、明瞭にこの論点を明らかにしている。

「結局のところ、日本学術会議がそもそも政治的目的を付与された存在であり、実際に無自覚にせよそのように振る舞ってきた以上、その組織は政府の政策的意図と本来無関係ではあり得なかったのである。にもかかわらず、それをあたかも純粋な学術組織であるかのように言い募って「政府からの独立」や「学問の自由」を主張するのは、それこそ統帥権の独立を楯に政治介入を繰り返した旧軍の行動そのものである[3]」

しかも、その「旧軍」は政府の政策的意図と協調するどころか、特定の政治的イデオロギーで反政府的に動く可能性さえあるならば、二重に問題は深まる。

「財政再建」重視で経済失速に加担

さて、この日本学術会議は、最近でも経済政策に関してはまさにGHQ的な緊縮主義の提言を繰り返してきた。例えば、東日本大震災での復興増税への後押しである。

学術会議が出した第三次緊急提言では、財政破綻の懸念から復興増税が提言されている。この提言が出る前の学者たちの審議内容をまとめた報告書をみると、日本の経済学者の知的堕落ぶりが明瞭である。経済の停滞を解消するための財政・金融の積極的な政策を回避するマインドが鮮明だ。

「（３）このような拡張的政策の一部は緊急の救済策や復興支援によって先取りされているが、さらに追加すべきかに疑念を表明する経済学者もいる。特に、物価インフレは日本の名目利子率に上昇傾向をもたらし、国債負担を増加させ、日本の財政規律に対する信認を揺るがす可能性があるからである。その時、日銀による金融政策はゼロ金利の時よりもさらに難しい舵取りが必要になるだろう」（東日本大震災に対応する第三次緊急提言のための審議資料）

また当時、私も含むリフレ派の経済学者たちが主張していた、日本銀行に復興債を引き受けさせ、それで大胆な金融緩和と財政支出をすべきだという正攻法については、日本の経済学者たちは下記のような認識だった。アベノミクスから新型コロナ危機を体験しているわれわれからみると、日本の経済学者の大半がいかに使い物にならないかは明瞭である。

「復興債の日銀引き受けに関しては、すでに国の債務残高が８６０兆円に達している日本において、財政規律がさらに緩んだというメッセージを国の内外に与える可能性が高い。それは、長期金利の高騰などの大きな副作用をもたらすことになり、日本のギリシャ化の

回避という立場から極力避けるべきだという意見が圧倒的に多い」（東日本大震災に対応する第三次緊急提言のための審議資料）

10年以上経過した今日で、日本の債務残高は1300兆円を超えているが、長期金利の高騰もなく、ギリシャ化の懸念もない。むしろ国際通貨基金（IMF）など国際機関は新型コロナ危機でできるだけ財政政策で国民を救済し、またそれができない途上国には日本などが財政支援すべきだとしている。

上記の提言は、日本の経済学者たちが使えない代物かを示す代表例である。ちなみに2013年の提言では、日本の長期停滞を脱出するのに、具体的には財政再建しか言及していなかった。新型コロナウイルス危機によって、民間の就職も公務員の状況も厳しい環境が続いていたのにもかかわらず、財政再建を重視していたのだ。

このように、日本学術会議は経済政策については「財政再建」を重視する伝統があり、ろくな政策提言をしてこなかった。むしろ経済を失速させることに加担してきた組織である。その意味でもＧＨＱの緊縮主義の遺伝子を脈々と継承しているともいえよう。

民営化どころか廃止が妥当

私見では、日本学術会議は民営化どころか廃止が妥当だと思っている。日本政府の研究予算4兆円の配分にかなりの影響を与える日本学術会議は、どうみてもスーパー権力である。巨額の予算の配分には金銭的、名誉的な既得権が結びつく。また、日本の防衛装備品の研究開発に関する否定的な姿勢など、安全保障面にも直接の影響を及ぼしてきたことは自明である。

前内閣官房参与で米イェール大名誉教授の浜田宏一は、論説「スガノミクスは構造改革を目玉にせよ——安倍政権ブレーンが贈る3つのアドバイス」で、菅首相に3つの提言を送っている[4]。それは金融緩和の継続、財政再建論などを言う専門家のアドバイスを参考にしないこと＝積極的な財政政策の採用、そして日本の潜在成長力を高める構造改革と成長戦略に重心を置くことである。日本学術会議問題は、この浜田提言の3番目に該当する問題だ。民営化よりも、廃止した方が日本学術会議の政治的バイアスにまみれた権威付けが残らないので、個人的には推奨したい。

あいちトリエンナーレ問題──問題提起すら達成できず

「あいちトリエンナーレ」は、２０１０年から3年ごとに開催され、19年で4回目を迎えた国内最大規模の国際芸術祭である。芸術祭の実行委員会の会長を愛知県の大村秀章知事が務め、ジャーナリストの津田大介（早稲田大学教授）が芸術監督として企画全体をプロデュースしている。津田大介が19年の芸術祭のテーマにしたのが「情の時代」という視点である。「情の時代」とは、さまざまな現代の問題が、単なる「事実」の積み重ねでは「真実」に到達できなくなっていて、むしろ感情的な対立によってシロクロはっきりした二項対立に落とし込められている。その二項対立の状況が、いわば敵と味方という感情的な対立をさらに深めている。この状況の中で、この「情」の対立を打ち破る別の「情」の観点が必要だ。それを、津田は「情によって情を飼いならす（tame する）技（ars）を身につけなければならない。それこそが本来の『アート』ではなかったか」と問題提起する。

だが、津田の問題意識と実際に展示されている作品は大きく異なる。むしろ「アート」ではなく、政治的な「プロパガンダ」として理解され、それをめぐって厳しい対立が生じた。議論の中心は、「表現の不自由」をテーマにした企画展だ。この企画「表現の不自由展・

その後」に展示された、いわゆる慰安婦問題を象徴する少女像や、昭和天皇の御真影を燃やし、その燃え尽きた灰を踏みにじる映像などが大きな批判を浴びた。

少女像や昭和天皇の御真影映像にはそれぞれ由来がある。それでも、これらの展示物が極めて深刻な対立を招く「慰安婦問題」や「天皇制批判」に、直接関連していることは明白だ。しかも、どちらも伝統的な左派の問題意識を体現したものである。いわば、特定の政治イデオロギーを有する展示が強調されていた。反対の意見を抱く人たちの「情」は全く排除・無視されている。

これでは、津田が提示した「情の時代」の意図を達成できず、むしろ政治的・感情的対立が鮮明になるのは不可避である。その意味で、トリエンナーレの趣旨とも大きく異なる。論より証拠に、開幕と同時に企画展への批判が続出した。

曖昧な文化事業の支援基準

芸術に政治的なメッセージを込めるのは自由だ。作品に込められた私的な思いがどのようなものであれ、その意図は最大限に尊重されるべきだ。

だが、今回は公的な資金を大きく利用した芸術祭である。芸術祭の目的、つまりテーマと大きく食い違う展示企画は、企画として失敗だ。しかも失敗だけではなく、この芸術祭のテーマと大きく食い違うものが企画されたことは、公的な事業としての妥当性にも疑問符が付くだろう。

今回の芸術祭には文化庁が助成をしているほか、公的な機関から援助や協賛を得ていた。利用している会場も公的な施設である。芸術祭のテーマと齟齬《そご》の大きい企画に、これらの助成や利用がふさわしかったかどうかは、企画の決定プロセスとともに検証していく必要性が生じた。

そもそも論だが、国の文化事業の支援基準は実に曖昧だ。簡単にいえば、一部の利害関係者が恣意《しい》的にイベント助成を決定しているといっていい。まさに文化事業の既得権益化だ。

文化庁が主催する「文化庁メディア芸術祭」というものがある。１９９７年から毎年実施されているアートやエンターテインメント、アニメーション、マンガの４部門を振興・顕彰するイベントである。だが、この芸術祭の名称である「メディア芸術」とはなんだろうか。

優れた批評家である小田切博が、以前この「メディア芸術」が日本独自の概念であり、簡単に言えば文化庁やそれに群がる既得権益者たちが予算獲得のためにでっちあげた概念であると論破したことがあった。[5]

この「メディア芸術」問題は、日本の文化政策のでたらめさの一角にすぎない。一部の利害関係者は、自らの作り出した「文化」やそれを基にした「権威」をかざすことに夢中である。それが実際に「甘い蜜」でもあるからだ。

結局「表現の不自由展・その後」は、心ない脅迫者によって一時中止に追い込まれた。確かに、この企画自体には論争すべきものがある。だが、暴力や脅迫でそのイベント自体を中止に追い込むのは、言語道断である。

ビジョンには「事実」と「論理」が備わっている

経済学者のトマス・ソーウェルは、人間を、ビジョンの動物であると理解している。人間は経済的な利害によって短期的に動くこともあるが、結局はビジョンによって行動するのだ、と彼は指摘している。[6] 個々人の抱くビジョンは、感情的なものに支配されたり、政治的プロパガンダや一部の有力者の意見に煽動されたりしてしまうかもしれない。

しかしビジョンなくして、社会は安定的なものにはならなかった。ビジョン同士の和解が難しくみえたとしても、実は、ビジョンには「事実」と「論理」が備わっていることが多い。その事実と論理こそが、ビジョン同士の争いに一定の解の方向を与える。ソーウェルの議論をまとめると、このように言える。

今回の問題にしても、「表現の不自由展・その後」が本当に公金（税金）の使途として適切であったかどうかが、「事実」の検証として重要である。その「事実」に応じて、この芸術祭の真価の一部が決まるだろう。

「言論の自由」と「競争的市場」のアナロジー

ところで、言論や表現の自由を経済学の見地からとらえるとそれはどんな風に考えられるだろうか。古典的な経済学者は、言論の自由を競争的市場のアナロジーとして考えていた。代表的には、ジョン・スチュワート・ミル（19世紀イギリスの経済学者）だ。ミルはいまも読み継がれている古典的著作『自由論』の中で、規制されることのない言論の場こそが人々の満足（効用）を増加することができるとした。

競争的な市場では、財やサービスを購入する側（需要）と売る側（供給）が、価格の調整によって一致することで取り引きを行うときが、最も買い手も売り手も満足が最大化される。

例えば、パンの需要の方が供給よりも上回るケースを考える（超過需要という）。超過需要が存在するときは、パンの売り手は多少価格を上げても買い手を失うことはない。売り手はどんどんパンの値段を上げていき、超過需要がなくなるところ、つまり需要と供給が一致するところでとりあえず値段を上げるのをやめておく。

もし、それ以上に値段を上げるとどうなるだろうか。今度は、供給の方が需要を上回るだろう（超過供給という）。超過供給を放置しておくと売れ残りが発生するので、パンの売り手は今度は価格を下げていくだろう。そしてやはり需要と供給が一致するところで引き下げをやめる。超過需要のケースでも超過供給のケースでも価格が動くことで、パンの需要と供給が一致するところでその動きが終わるだろう。そしてそこから外れないことがパンの売り手買い手双方にとって望ましい状態になっている。これが「市場の法則」と呼ばれるものである。

この市場の法則が保たれないとどうなるだろうか？　例えば心の優しい権力者が貧しい人にも安いパンを提供できるようにパンの最高価格を規制したとしよう。そうすると超過需要があっても、パンの売り手は価格を引き上げることができない。超過需要は解消されず、それは現実的にはパンの品不足を招いてしまうだろう。心優しい権力者の価格規制は、貧しいものを助けるはずが、かえってパンが手に入らない状況を生み出してしまう。まさに地獄の道に通じる善意である。

ミルの「言論の自由」──やがて言論の価格が一致する

「市場の法則」と同じように、ミルは「言論の自由」も考えている。ミルが言論の自由の根拠として挙げた理由は主に4点あった。⑴多様な意見がないと、特定の意見を誤りがまったくないものとみなしやすい、⑵多様な意見が衝突することで、意見の持つ問題点や改善点が明らかになる、⑶反論に出会うことで自分の支持している意見の合理的な根拠を考えることにつながりやすい、⑷反論に出会うことがないと、人格や行動に活き活きとした成長の機会がなくなる、というものである。

これらは先ほどのパン市場のケースに引きつけていえば、言論の売り手と買い手がいろいろな意見（言論の取り引き値段）を言い合うことで、やがて両者が一致する言論の価格が存在するということだ。つまり意見の集約（言論の需要と供給が一致）するところで、言論の価格を取り引きすることが両者の満足を最大化することになる。

もちろん、ミルは異なる立場での意見の集約について常に楽観的ではない。言論の自由がかえって意見の対立を激しくするケース（集約した意見が不成立）や、またヘイトスピーチにあたるケースにも配慮している。だが、ミルはヘイトスピーチを規制することはかえって言論市場を損ねてしまうと批判的だ。政治的・法的な規制ではなく、ミルは世論の賢慮に委ねている。

「どちらの立場で主張している人であれ、公平さが欠けているか、悪意や頑迷さ、不寛容の感情をあらわにした態度で自説を主張する人を批判する。だが、自分とは反対の意見を持っている人に対して、その立場を根拠として、これらの態度を取るはずだと予想することはない」[7]

ウォルドロンの「ヘイトスピーチ規制」

このようなミルの市場的言論の自由論に反対しているのが、現代米国の法学者のジェレミー・ウォルドロンだ。[8] ウォルドロンは、ミルの主張ではヘイトスピーチという「外部性」には対処できないとする。ヘイトスピーチはそもそも他人の自由を侵犯することで、その人間としての尊厳を損ねるものだという。

ミルの考える自由は、そもそも他人の自由を侵さないという前提が採用されている。だが実際には、ヘイトスピーチを言論の自由の範囲に含めてしまうと、さまざまな人たちの生きる自由を阻害してしまうだろう。例えば、ヘイトスピーチによって教育や就職の機会さえも奪われたり、ヘイト行動をする群衆によって営業ができなくなるお店もでてくるかもしれない。そのためウォルドロンはヘイトスピーチの規制を強く訴える。ただし彼が規制の対象と考えているのは文字表現のみである。

ミル的な「言論の自由」の立場にたつか、それともウォルドロンの「ヘイトスピーチ規制」の立場にたつのか、この問題を考えること自体が一つの意見の多様性とその効用を問う場にもなっている。私はミル的な立場に共感するのだが、読者のみなさんはどうだろうか？

名古屋市は「債務」を負っていない

前述の国際芸術祭「あいちトリエンナーレ２０１９」の企画展「表現の不自由展・その後」は、公的な文化助成のあり方を再考する機会となった。私は名古屋市から依頼を受け、「あいちトリエンナーレ名古屋市あり方・負担金検証委員会」の委員に就き、なんとか報告書をまとめることができた。

内容は、「あいちトリエンナーレ実行委員会」に対して、名古屋市は留保していた負担金を支出しなくてもやむを得ないとするものだった。また、あいちトリエンナーレへの今後の取り組みについても、名古屋市に対して積極的な提案を盛り込んだ。

ただ、報告書案の採決は３対２と票が割れた。賛成したのは、元最高裁判事の山本庸幸座長と大東文化大副学長の浅野善治委員、そして筆者だ。反対は美術批評家の田中由紀子委員と、弁護士で元名古屋高裁長官の中込秀樹副座長だった。

３回にわたる会合でも、意見が完全に二つに割れ、その間を埋めることができなかった。まさに、この問題が招いた社会の分断の縮図をみるようだった。

河村たかし名古屋市長は報告書を尊重する形で、負担金の未払い分約３３００万円を支出しないことに決定した。

われわれの報告書の要旨は次の通りだ。まず、委員会の目的は「名古屋市が負担することが適切な費用の範囲について検討する」とともに、「次年度以降の名古屋市のあいちトリエンナーレへの関わり方について検討する」ものであった。市民からの税金をどのように利用するか、その適切な利用をめぐる問題が大きな焦点だった。そして、主に「表現の不自由展・その後」をめぐる三つの事実を指摘することができる。

〔事実１〕予《あらかじ》め危機管理上重大な事態の発生が想定されたのにもかかわらず、会長代行

（河村たかし市長）には知らされず、運営会議が開かれなかったこと。
〔事実2〕「表現の不自由展・その後」の中止が、事前に会長代行には知らされず、運営会議が開かれないまま会長（愛知県の大村秀章知事）の独断で決定されたこと。
〔事実3〕中止された「表現の不自由展・その後」の再開が、事前に会長代行には知らされず、運営会議が開かれないまま会長の独断で決定されたこと。

ところで、名古屋市はあいちトリエンナーレ実行委に負担金を支払うべきという「債務」を負っている、と認識している人たちが一部いる。しかし、この認識は妥当ではない。報告書では、その点でも解釈をきちんと提示している。

「名古屋市は、そもそも実行委員会に対して、既に通知した「あいちトリエンナーレ実行委員会負担金交付決定通知書（以下「交付決定通知書」という）」に記載した通りに負担金を全額交付すべき債務を負っているか否かを検討する。結論から言うと、交付決定額171,024,000円を全額交付すべき債務はないと考えられる。なぜなら、交付決定通知書に記載した負担金の交付は、実行委員会に対して、3回に分けて各回これだけの金員を支払うつもりであるという意思を一方的に通知したに過ぎないと考えられるからである」（「報告書」2ページ）。

また「市長は、負担金の交付決定後、事情の変更により特別の必要が生じたときは、負担金の交付の決定の全部若しくは一部を取り消し、またはその決定の内容若しくはこれに附した条件を変更する場合があります」という留保条件にも注目した。この「事情の変更により特別の必要が生じたとき」があったか否かについて、主に先述の三つの事実に依拠しながら、検証委は次のような結論を提起している。

「そこで、会長によるこのような実行委員会の不当な運営に対して、事情変更の効果として、3回目として当初予定していた負担金の不交付という形で、名古屋市が抗議の意志を表すということは、必ずしも不適当とはいえず、他に手段がない以上、当委員会はやむを得ないものと考える」（「報告書」7ページ）

すでに名古屋市が実行委員会側に支払った分の返還は法的に難しく、この点は断念せざるをえなかった。まだ支払いしていなかった分だけの未払いを決めたわけである。ただし筆者個人の思いとしては、実行委員会側は今まで受領した負担金を自主的に返還すべきだと考える。あいちトリエンナーレにおいて「表現の不自由展・その後」がもたらした社会の分断は深刻なものであり、それはまさに「政治的な対立」そのものだからだ。「政治的な対立」を煽《あお》ることをわざわざ公金で行う必要はない。

分断を煽る政治的イデオロギー

また、この「社会の分断」や「政治的な対立」は、「事前に」十分に予想できる警備上の深刻なリスクをもたらした。これは事後に起きた脅迫行為などを言っているのではない。あくまでも事前に予測可能なリスクの話である。

私見であるが、警備上の深刻なリスクが生じる作品群を、あえて公的な支援の下に市民に鑑賞させるのは不適切だと思っている。当たり前だが、市民は政治的なリスクを担いながら、美術作品を鑑賞しにきているわけではないからだ。このリスク面については、報告書の個別意見や会議の場でも詳述した。

ところで、劇作家の山崎正和は『読売新聞』の論説「あいちトリエンナーレ　表現と主

張　履き違え」（２０１９年12月）で「表現の不自由展・その後」で議論の焦点になった少女像や天皇陛下の肖像を用いた作品を燃やした動画などの展示行為を、「背後にイデオロギーを背負った宣伝手段の典型」と評したが、筆者もこの言葉に賛同する。

今回の報告書はあくまで公金の使途をめぐる法的解釈が中心であり、展示の解釈には立ち入るものではない。だが、この山崎の批評は、この展示の性格について追加の言葉を不要にするものだ、と確信している。今後、このような社会の分断を煽る政治的イデオロギーに偏った展示が、公的支援の下で安易に行われないことを願っている。

「トランプ言論封殺」騒動――じつは規制の実権争いだった

社会の分断を言論の自由の面で考えることは、日本国内だけでなく、世界の動向をみた上でも重要だ。この点で最近特に注目すべきなのは、米国大統領選挙をめぐる言論の状況である。２０２１年初頭の米連邦議会における議事堂襲撃事件はショッキングな出来事だった。この襲撃事件後、会員制交流サイト（ＳＮＳ）のツイッターがトランプ大統領（当時）のアカウントを「永久凍結」し、フェイスブックも同様の措置をとった。

この巨大プラットフォーマー企業の「トランプ言論封殺」の動きに対して、リアルな国際政治の場でも動きがあった。ドイツのメルケル首相は報道官を通じて、言論の自由を制限する行為は一企業の判断によるべきではなく、立法府の決めた法に基づくべきだとして両社の対応を批判した。フランスの閣僚らもメルケル首相と同様に批判し、ウェブサービスの基盤を提供する「プラットフォーマー企業」への規制も視野に入れるべきだと、より立ち入った主張をしている。

だが、トランプ大統領に関する規制はさらに進展した。トランプ支持者が集うとされるSNS「パーラー」はネットの世界から姿を消した。アップルとグーグルは、それぞれのスマートフォン向けアプリストアからパーラーのアプリを排除していた。さらに『ウォール・ストリート・ジャーナル』などの報道によれば、パーラーのウェブサイトやデータを支えていたアマゾン・コムが支援を停止した。事実上の「消滅」だ。

ツイッターやGAFA（グーグル、アマゾン、フェイスブック、アップル）などが、トランプ大統領とその支持者への言論の機会を根元から奪った行為は、まさに大企業による私権の制限と言えるだろう。言論の自由を奪う不適切な行為である。

ただし、冒頭のメルケル首相やフランスの閣僚たちの発言を、単なる「言論の自由」の観点からのみとらえるのも妥当ではないだろう。経済金融アナリストの吉松崇から個人的に教えを受けたが、これは巨大ＩＴ企業と先進国政府のどちらが表現の自由をめぐる規制の実権を握るかの争いとみるのが正しいのではないか。

つまり、メルケル首相らは言論の自由をトランプ大統領やその支持者に認めるべきだ、という観点から発言したというよりも、実はその規制も含めて旧来の政府が担うのが正しいのだ、と言ったにすぎないのだ。

この吉松の指摘は興味深い。このことは今までの「デジタル課税」をめぐるフランス、ドイツと大手ＩＴ企業との攻防戦をみても傍証することができる。ＧＡＦＡなどのＩＴ企業は「拠点なくして課税なし」という各国の課税ルールの原則から多額の「税逃れ」をしてきた。例えば、ネットを経由して大手ＩＴ企業が、ある国の消費者にさまざまなサービスを提供して利益を得ても、その国に恒久的な拠点（本店、支店、工場など）がなければ課税されない。

このため自国に拠点を持っている国内企業と大手ＩＴ企業との間には、税負担の点で不公平が発生し、また国際競争力の点で国内企業が不利になってしまう。欧州委員会は、国内企業の課税負担は23・２％であるのに対して大手ＩＴ企業は９・５％だと報告している。

この税制上の大手ＩＴ企業への「優遇」を国際的な協調として是正しようという動きが、欧州勢には強かった。今までの国際課税のルール「拠点なくして課税なし」を変更して、Ｉ

T企業に直接課税する提案や、また各国個別の対応が相次いで出されてきた。それに反対してきたのがトランプ政権であった。

最近は妥協点を見いだそうという動きもあったが、基本的にトランプ政権のGAFAなどへの課税議論は消極的なものだった。米国では、共和党よりも民主党のほうが大手IT企業の独占力への規制に積極的であり、バイデン政権になればその動きが加速化すると言われてきた。大手IT企業の「トランプ封じ込め」ともいうべき現象は、発足まで秒読み段階に入ったバイデン政権への政治的「賄賂」に思えなくもない。そんな印象を抱いてしまうほど、あまりにも過剰な「言論弾圧」である。

もちろん、メルケル首相らのIT企業への批判をトランプ寄りとみなすことはできない。一国の大統領の発言を封じてしまうような大手IT企業の危険性を世界に知らせることで、デジタル課税などの規制強化をしやすくしたいという思惑もあるのではないだろうか。

日本の備えを強めればいいだけではないか

米国の大統領選出をめぐっては、米国だけでなく日本でも、意見の分断や対立は激しい。トランプ前大統領の業績について支持派は全肯定、反対派は全否定という大きな意見の隔たりもみられる。だが、誰が大統領であるにせよ、日本の備えを強めればいいだけではないか、と筆者は思う。

バイデン大統領は中国の環太平洋地域への覇権的介入に、トランプ前大統領ほど関心がないかもしれない。対中国よりも対ロシア、つまり大西洋の方をバイデン大統領は重視しているという見方が有力である。現在の日米の基本的な外交方針である「自由で開かれたインド太平洋構想」という、事実上の中国包囲網をバイデン大統領がどのように具体的に進めるか今は不透明である。

だが、他方で米国では党派を超えて中国への警戒が強まっているのも事実である。バイデン大統領は同盟国との協調も訴えているのだ。ならば、日本が積極的にバイデン大統領に働きかけ、韓国を除いた環太平洋の同盟諸国が共通して抱いている、中国の覇権主義に対する枠組みを進展させるべきである。

米国に依存するのではなく、米国を日本の国益のために利用する。これは本書の主要テーマであるGHQ的な経済や社会への思想の拘束から抜け出す意味でも重要だ。言うは簡単で行うのは難しいかもしれない。しかし、その気概がなくては、日本国の行方は危うい。

注

【1】古森義久（２０２０）「日本学術会議にＧＨＱの影」https://special.sankei.com/a/column/article/20201025/0001.html

【2】この日本学術会議の共産党支配の時代における典型的な人物像については、『赤い巨塔』の他に、村上陽一郎「学術会議問題は「学問の自由」が論点であるべきなのか？」https://wirelesswire.jp/2020/10/77680/、篠田英朗「日本学術会議の任命拒否問題は「学問の自由」とは全く関係がない」https://president.jp/articles/-/39545に詳しい。

【3】野口旭（２０２０）「学者による政策提言の正しいあり方――学術会議問題をめぐって」（ニューズウィーク日本版）https://www.newsweekjapan.jp/noguchi/2020/10/post-26.php

【4】https://www.newsweekjapan.jp/stories/world/2020/10/post-94795.php

【5】小田切博（２０１０）『キャラクターとは何か』ちくま新書。

【6】Thomas Sowell (1987) A Conflict of Visions, William Morrow & Co.

【7】訳文は、山岡洋一訳『自由論』日経ＢＰ社による。

【8】ジェレミー・ウォルドロン（２０１５）『ヘイト・スピーチという危害』みすず書房。

おわりに

本書はこの10年近くことあるごとに、その「影」を感じていた日本の占領期における経済思想――GHQの経済政策思想とそれに親和的な日本の専門家たち――に初めて本格的に取り組んだものである。ただ過去の経済政策や思想の話をして終わっているわけではないことは、一読されれば明瞭であると思う。むしろ過去の経済思想の亡霊を明らかにしつつも、論議の中心は、いまわれわれ日本人や世界各国の人々が直面している経済危機をいかに脱却するかである。

ただし本書をまとめながら、問題領域の広さと深さを実感したのも確かである。GHQの日本弱体化政策として、靖国神社問題、沖縄の米国統治期の問題、諜報機関との関係などまだまだ採り上げるべき課題は多いことを実感している。今回は「はじめに」で書いた通り、経済政策の思想的な側面に特に限定した「トルソ」（胴体のみ）といえる。これからさらにその相貌や四肢をどう彫塑していくのか、あるいは新たな彫刻に挑むべきかが自分に問われていると思う。

また長年、経済の時論や啓蒙書を書いてきた経験からは珍しいことだが、本書をステップにしてむしろ専門研究の必要性もひしひしと感じている。もちろん本書には、現在の新型コロナ危機で生活が困窮化し、ビジネスがうまくいかない人たちに、政府や日本銀行の経済政策のどこに問題があるのかを明瞭に指摘することで、現在の問題理解に貢献できると思っている。簡単にいえば、問題の根源は経済危機になぜか「緊縮主義」を選ぶ、まさに経済の自虐史観とでもいうべき政策態度に基づくといっていい。本書が、この経済的自虐を打破する一助になれば幸いである。われわれは経済政策の面で自律かつ自立していかなければならないのだ。

本書はさまざまな媒体に寄稿したものに全面的に加筆し、さらに新しい知見や情報を加えている。そこで知り合った多くの編集者の方々にお礼を申し上げたい。また本書をご担当頂いたPHP研究所の編集者・白地利成さんには、いつも過分の激励を頂戴し、本書を完成する上でとても勇気づけられた。末筆ながら感謝を申し上げたい。

PHP新書

PHP INTERFACE
https://www.php.co.jp/

田中秀臣［たなか・ひでとみ］

上武大学ビジネス情報学部教授、経済学者。1961年生まれ。早稲田大学大学院経済学研究科博士後期課程単位取得退学。専門は日本経済思想史、日本経済論。『昭和恐慌の研究』(共著、東洋経済新報社)で第47回日経・経済図書文化賞受賞。他の著書に『デフレ不況』(朝日新聞出版)、『ご当地アイドルの経済学』(イースト新書)、『増税亡者を名指しで糺す!』(悟空出版)、『日本経済再起動』(共著、かや書房)など多数。

脱GHQ史観の経済学

エコノミストはいまでもマッカーサーに支配されている

(PHP新書 1258)

二〇二一年四月二十九日 第一版第一刷

著者――田中秀臣
発行者――後藤淳一
発行所――株式会社PHP研究所
東京本部――〒135-8137 江東区豊洲5-6-52
第一制作部 ☎03-3520-9615(編集)
普及部 ☎03-3520-9630(販売)
京都本部――〒601-8411 京都市南区西九条北ノ内町11
組版――有限会社メディアネット
装幀者――芦澤泰偉＋児崎雅淑
印刷所
製本所――図書印刷株式会社

ISBN978-4-569-84843-3

ＰＨＰ新書刊行にあたって

「繁栄を通じて平和と幸福を」(PEACE and HAPPINESS through PROSPERITY)の願いのもと、ＰＨＰ研究所が創設されて今年で五十周年を迎えます。その歩みは、日本人が先の戦争を乗り越え、並々ならぬ努力を続けて、今日の繁栄を築き上げてきた軌跡に重なります。

しかし、平和で豊かな生活を手にした現在、多くの日本人は、自分が何のために生きているのか、どのように生きていきたいのかを、見失いつつあるように思われます。そして、その間にも、日本国内や世界のみならず地球規模での大きな変化が日々生起し、解決すべき問題となって私たちのもとに押し寄せてきます。

このような時代に人生の確かな価値を見出し、生きる喜びに満ちあふれた社会を実現するために、いま何が求められているのでしょうか。それは、先達が培ってきた知恵を紡ぎ直すこと、その上で自分たち一人一人がおかれた現実と進むべき未来について丹念に考えていくこと以外にはありません。

その営みは、単なる知識に終わらない深い思索へ、そしてよく生きるための哲学への旅でもあります。弊所が創設五十周年を迎えましたのを機に、ＰＨＰ新書を創刊し、この新たな旅を読者と共に歩んでいきたいと思っています。多くの読者の共感と支援を心よりお願いいたします。

一九九六年十月

ＰＨＰ研究所

1258 脱ＧＨＱ史観の経済学 田中秀臣

［**政治・外交**］

318・319 憲法で読むアメリカ史（上・下） 阿川尚之
426 日本人としてこれだけは知っておきたいこと 中西輝政
745 官僚の責任 古賀茂明
826 迫りくる日中冷戦の時代 中西輝政
841 日本の「情報と外交」 孫崎 享
893 語られざる中国の結末 宮家邦彦
898 なぜ中国から離れると日本はうまくいくのか 石 平
920 テレビが伝えない憲法の話 木村草太
931 中国の大問題 丹羽宇一郎
954 哀しき半島国家 韓国の結末 宮家邦彦
967 新・台湾の主張 李 登輝
979 なぜ中国は覇権の妄想をやめられないのか 石 平
988 従属国家論 佐伯啓思
1000 アメリカの戦争責任 竹田恒泰
1024 ヨーロッパから民主主義が消える 川口マーン惠美
1060 イギリス解体、ＥＵ崩落、ロシア台頭 岡部 伸
1076 日本人として知っておきたい「世界激変」の行方 中西輝政
1083 なぜローマ法王は世界を動かせるのか 徳安 茂
1122 強硬外交を反省する中国 宮本雄二
1124 チベット 自由への闘い 櫻井よしこ
1135 リベラルの毒に侵された日米の憂鬱 ケント・ギルバート
1137 「官僚とマスコミ」は嘘ばかり 髙橋洋一
1153 日本転覆テロの怖すぎる手口 兵頭二十八
1155 中国人民解放軍 茅原郁生
1157 二〇二五年、日中企業格差 近藤大介
1163 ＡＩ監視社会・中国の恐怖 宮崎正弘
1169 韓国壊乱 櫻井よしこ／洪 熒
1180 プーチン幻想 グレンコ・アンドリー
1188 シミュレーション日本降伏 北村 淳
1189 ウイグル人に何が起きているのか 福島香織
1196 イギリスの失敗 岡部 伸
1208 アメリカ 情報・文化支配の終焉 石澤靖治
1212 メディアが絶対に知らない2020年の米国と日本 渡瀬裕哉
1225 ルポ・外国人ぎらい 宮下洋一
1226 「ＮＨＫと新聞」は嘘ばかり 髙橋洋一
1231 米中時代の終焉 日高義樹
1236 韓国問題の新常識 Voice編集部［編］
1237 日本の新時代ビジョン 鹿島平和研究所・ＰＨＰ総研［編］
1241 ウッドロー・ウィルソン 倉山 満
1248 劣化する民主主義 宮家邦彦

［歴史］

1141 福沢諭吉　しなやかな日本精神　小浜逸郎
1142 卑弥呼以前の倭国五〇〇年　大平　裕
1152 日本占領と「敗戦革命」の危機　江崎道朗
1160 明治天皇の世界史　倉山　満
1167 吉田松陰『孫子評註』を読む　森田吉彦
1168 特攻　知られざる内幕　戸髙一成［編］
1176 「縄文」の新常識を知れば 日本の謎が解ける　関　裕二
1177 「親日派」朝鮮人　消された歴史　拳骨拓史
1178 歌舞伎はスゴイ　堀口茉純
1181 日本の民主主義はなぜ世界一長く続いているのか　竹田恒泰
1185 戦略で読み解く日本合戦史　海上知明
1192 中国をつくった12人の悪党たち　石　平
1194 太平洋戦争の新常識　歴史街道編集部［編］
1197 朝鮮戦争と日本・台湾「侵略」工作　江崎道朗
1199 関ヶ原合戦は「作り話」だったのか　渡邊大門
1206 ウェストファリア体制　倉山　満
1207 本当の武士道とは何か　菅野覚明
1209 満洲事変　宮田昌明
1210 日本の心をつくった12人　石　平
1213 岩崎小彌太　武田晴人
1217 縄文文明と中国文明　関　裕二
1218 戦国時代を読み解く新視点　歴史街道編集部［編］
1228 太平洋戦争の名将たち　歴史街道編集部［編］
1243 源氏将軍断絶　坂井孝一
1255 海洋の古代日本史　関　裕二

［社会・教育］

117 社会的ジレンマ　山岸俊男
335 NPOという生き方　島田　恒
418 女性の品格　坂東眞理子
495 親の品格　坂東眞理子
504 生活保護vsワーキングプア　大山典宏
522 プロ法律家のクレーマー対応術　横山雅文
537 ネットいじめ　荻上チキ
546 本質を見抜く力 ――環境・食料・エネルギー　養老孟司／竹村公太郎
586 理系バカと文系バカ　竹内　薫［著］／嵯峨野功一［構成］
602 「勉強しろ」と言わずに子供を勉強させる法　小林公夫
618 世界一幸福な国デンマークの暮らし方　千葉忠夫
621 コミュニケーション力を引き出す　平田オリザ／蓮行
629 テレビは見てはいけない　苫米地英人
632 あの演説はなぜ人を動かしたのか　川上徹也

1146 「都市の正義」が地方を壊す　山下祐介
149 世界の路地裏を歩いて見つけた「憧れのニッポン」　早坂 隆
1150 いじめを生む教室　荻上チキ
1151 オウム真理教事件とは何だったのか?　一橋文哉
1154 孤独の達人　諸富祥彦
1161 貧困を救えない国 日本　阿部彩／鈴木大介
1164 ユーチューバーが消滅する未来　岡田斗司夫
1183 本当に頭のいい子を育てる 世界標準の勉強法　茂木健一郎
1190 なぜ共働きも専業もしんどいのか　中野円佳
1201 未完の資本主義　ポール・クルーグマンほか[著]／大野和基[インタビュー・編]
1202 トイレは世界を救う　ジャック・シム[著]／近藤奈香[訳]
1219 本屋を守れ　藤原正彦
1223 教師崩壊　妹尾昌俊
1229 大分断　エマニュエル・トッド[著]／大野 舞[訳]
1231 未来を見る力　河合雅司
1233 男性の育休　小室淑恵／天野 妙
1234 AIの壁　養老孟司
1239 社会保障と財政の危機　鈴木 亘
1242 食料危機　井出留美
1247 日本の盲点　開沼 博
1249 働かないおじさんが御社をダメにする　白河桃子
1252 データ立国論　宮田裕章

［思想・哲学］

032 〈対話〉のない社会　中島義道
058 悲鳴をあげる身体　鷲田清一
086 脳死・クローン・遺伝子治療　加藤尚武
204 はじめての哲学史講義　鷲田小彌太
468 「人間嫌い」のルール　中島義道
492 自由をいかに守るか ハイエクを読み直す　渡部昇一
856 現代語訳 西国立志編　サミュエル・スマイルズ[著]／中村正直[訳]／金谷俊一郎[現代語訳]
1117 和辻哲郎と昭和の悲劇　小堀桂一郎
1159 靖國の精神史　小堀桂一郎
1215 世界史の針が巻き戻るとき　マルクス・ガブリエル
1251 つながり過ぎた世界の先に　マルクス・ガブリエル[著]／大野和基[インタビュー・編]／高田亜樹[訳]